COULEUR, MATIÈRE ET LUMIÈRE

LOUIS DESAULNIERS

MODULO

Nous reconnaissons l'aide financière du gouvernement du Canada par l'entremise du Programme d'aide au développement de l'industrie de l'édition (PADIÉ) pour nos activités d'édition.

Données de catalogage avant publication (Canada)

Desaulniers, Louis, 1935-

Couleur, matière et lumière

Comprend des réf. bibliogr. et un index.
Pour les étudiants du niveau collégial.

ISBN 2-89113-797-3

1. Couleur dans l'art. 2. Vision des couleurs. 3. Couleur - Aspect psychologique. 4. Lumière dans l'art. I. Titre.

N7432.7.D47 2001 701'.85 C00-941989-6

ÉQUIPE DE PRODUCTION
Chargée de projet et révision linguistique : Renée Théorêt
Correction d'épreuves : Manon Lewis, Monique Tanguay
Illustrations : Louis Desaulniers
Typographie : Suzanne L'Heureux, Nathalie Ménard
Montage : Nathalie Ménard
Maquette : Marguerite Gouin et Olena Lytvyn
Couverture : Louis Desaulniers, *Fugue en trois couleurs*. Acrylique sur toile, 1997, 120 cm × 150 cm.
Tableaux de Louis Desaulniers reproduits dans ce livre :
p. 1 : *Rêve matinal.* Huile sur toile, 2000, 60 cm × 80 cm.
p. 29 : *Effervescence amoureuse.* Huile sur toile, 1998, 60 cm × 80 cm.
p. 35 : *Les douze plus belles.* Acrylique sur toile, 1995, 40 cm × 50 cm.
p. 91 : *Songe d'un jour d'automne.* Huile sur toile, 1999, 60 cm × 80 cm.

Couleur, matière et lumière

5800, rue Saint - Denis, bureau 1102
Montréal (Québec) H2S 3L5
CANADA
Téléphone : 514 738-9818 / 1 888 738-9818
Télécopieur : 514 738-5838 / 1 888 273-5247
Site Internet : www.groupemodulo.com

Dépôt légal — Bibliothèque nationale du Québec, 2001
Bibliothèque nationale du Canada, 2001
ISBN-13: 978-2-89113-797-3

Imprimé au Canada
2 3 4 5 13 12 11

À Alexandra et Vickie,
les deux plus belles couleurs de ma vie.

REMERCIEMENTS

Je remercie chaleureusement les personnes suivantes pour leur précieuse collaboration :

- Christian Dorais, plus artiste dans l'âme que c.a., qui a cru à ce projet depuis le tout début et qui a fait en sorte qu'il se concrétise;
- Winston Wong et Ken Davies de Spittin' Image Software, Inc., qui m'ont généreusement apporté leur aide technique;
- Lucille Morand, qui a mené une recherche sérieuse auprès des professeurs de cégep du Québec;
- Marcel Lefebvre, chimiste et vice-recteur de l'Université du Québec à la retraite, peintre à ses heures, dont les conseils se sont avérés précieux.

Je tiens également à remercier l'équipe Modulo pour son appui de tous les moments et son professionnalisme.

AVANT-PROPOS

La couleur ferait l'objet d'une encyclopédie qu'on ne pourrait l'aborder dans tous ses aspects. Philippe Fagot, du Centre français de la couleur, disait lors d'une entrevue *que la couleur du physicien est une longueur d'onde, une fréquence; que le chimiste y voit plutôt un phénomène substantiel lié à des propriétés matérielles; que pour le physiologiste, c'est la transformation d'une énergie électromagnétique en énergie électrochimique et que son champ d'intervention s'arrête après la rétine de l'œil; que le neurophysiologiste considère la couleur comme un phénomène essentiellement cortical et que le psychologue y voit un phénomène relationnel*[1]. Ajoutons que de nombreux philosophes et sociologues tentent toujours de définir l'esthétique de la couleur.

Prenons le cas de Michel Eugène Chevreul (1786-1889), chimiste français, qui a vécu jusqu'à 103 ans et qui a consacré une grande partie de sa vie à établir la *loi des harmonies des couleurs* sans y arriver. Il aurait pu vivre encore cent ans et il n'aurait pas réussi. Pourquoi ? Cette loi ne peut pas exister. Si Chevreul avait été peintre, il ne se serait pas acharné sur cet aspect de la couleur; il aurait eu une vision différente des choses. Cela dit, Chevreul a quand même trouvé d'autres principes importants qui prévalent toujours aujourd'hui.

Dans ce monde scientifique, on relègue en fait au dernier plan la subjectivité des artistes et des créateurs en arts visuels, et cela pour une raison toute simple : il est impossible de la mesurer et de la quantifier. Paradoxalement, ce sont ces créateurs qui, par leur talent et leur perception, inventent des images magnifiques, créent des environnements de rêve, donnent aux objets du quotidien des couleurs inattendues et permettent à leurs contemporains de voir la vie autrement qu'en gris.

Décrire les grands principes qui sous-tendent la couleur et les expliquer est une chose, les mettre en pratique en est une autre. Connaître la couleur, la comprendre et l'utiliser de façon magistrale est pour tout créateur l'affaire d'une vie de recherche et de dépassement. Dès qu'un coloriste, si grand soit-il, s'écarte des sentiers battus et des recettes toutes faites, il est confronté à des problèmes inextricables. C'est alors que sa passion entre en jeu. À force de recherche et d'expérimentation, il finit par trouver des réponses adéquates aux problèmes, ce qui n'est pas toujours évident. Chose certaine, on ne peut y parvenir sans connaître les lois et les principes de base qui régissent la couleur.

L'apprentissage de ces lois et principes peut sembler compliqué *a priori*. Mais il ne l'est pas tant que cela si l'on ne se perd pas dans les méandres scientifiques non pertinents. C'est une erreur de croire que l'acquisition de toutes les connaissances relatives à la couleur est indispensable aux gens de matière que sont les artistes. En ignorer tout aspect n'est pas mieux.

Bien sûr, chacun peut développer empiriquement son sens de la couleur par une suite d'expériences; mais celles-ci, laborieuses et souvent décevantes, ne peuvent remplacer la connaissance des principes fondamentaux. D'aucuns, avec tout le savoir requis, ne parviennent jamais à manier la couleur en exploitant ses subtilités et ses possibilités parce qu'ils ne possèdent pas l'esprit analytique ou la discipline nécessaires. Ils cherchent les livres de recettes qui leur confirmeraient

---

1. Ces propos sont tirés de l'article « Les multiples sens de la couleur » paru dans la revue *Science et Vie*, n° 186, mars 1994.

une fois pour toutes que telle harmonie ou tel choix de couleurs est parfaitement juste. Hélas, la certitude absolue en ce domaine n'est pas pour demain.

On peut passer sa vie à étudier les nombreuses théories relatives à la couleur sans pour autant les comprendre. Prenons pour exemple l'élément le plus simple de la connaissance de la couleur : *Il y a trois couleurs primaires dans le cercle chromatique*. Alors, pourquoi les dit-on primaires puisqu'il est impossible d'en tirer toutes les couleurs existantes ? Pourquoi utilise-t-on autant de pigments différents ? Qu'en est-il des couleurs du *Cheval blanc* de Gauguin qui n'est pas blanc du tout ? L'étude de la couleur nous force à l'humilité. Bien prétentieux celui ou celle qui affirmerait en connaître tous les aspects théoriques et pratiques. Le dogmatisme aveugle peut aussi freiner les expériences et les découvertes intéressantes. S'en tenir exclusivement aux règles établies et ne jamais en déroger peut devenir ennuyeux. Il est parfois nécessaire de les transgresser, ne serait-ce que pour mieux les comprendre et juger de leur valeur réelle ainsi que de leur importance.

L'imbroglio des synthèses additive et soustractive est souvent la pierre d'achoppement de ceux et celles qui veulent acquérir une connaissance générale des principes inhérents à la couleur. Physique et chimie sont souvent confondues. Pourtant, lumière et matière ne procèdent pas de la même synthèse. Des transparents rouge et vert placés devant des projecteurs produiront-ils le même résultat que des faisceaux de lumière de ces mêmes couleurs ? Autant de questions auxquelles il faut répondre de manière pertinente. Nous tenterons de le faire le plus simplement possible.

Couleur, ton, teinte, nuance, saturation; la terminologie descriptive du monde de la couleur n'est pas toujours facile à assimiler. Même les spécialistes ont peine à s'y retrouver. De nouveaux termes sont apparus récemment pour se substituer à des mots parfaitement simples et précis. Emprunter un mot propre à la synthèse additive pour l'accoler à des principes de la synthèse soustractive est toujours une erreur. Le but premier de cet ouvrage étant de faciliter la compréhension de la couleur, il ne saurait être question de compliquer inutilement les choses. Nous nous en tiendrons à la terminologie la plus simple et la plus juste possible.

La couleur, après la forme, est le principal outil du peintre, du designer, du graphiste et de tout concepteur en arts visuels. Savoir s'en servir est primordial pour qui veut atteindre des résultats satisfaisants. Ce livre ouvre une bien petite fenêtre sur ce monde infini. Il présente les bases essentielles de la connaissance nécessaire à un apprentissage plus poussé. Espérons qu'il vous donnera le goût de voyager jusqu'au bout de l'arc-en-ciel !

Louis Desaulniers

TABLE DES MATIÈRES

PREMIÈRE PARTIE

Rêve matinal. Huile sur toile, 2000, 60 cm × 80 cm.

C'est par l'expérience que progressent la science et l'art.

ARISTOTE

VOICI LE TABLEAU !

- Mieux comprendre les phénomènes physiques reliés à la couleur.
- Distinguer les phénomènes chimiques reliés aux matières colorantes.
- Connaître la relation entre l'œil et la couleur.

La première partie de cet ouvrage a pour objectif de nous faire découvrir et comprendre les principaux éléments qui entrent en jeu quand nous abordons la couleur :

- la lumière dont elle provient, qui relève de la physique et procède de la synthèse additive;
- les pigments des couleurs et autres matières colorantes, qui relèvent de la chimie et procèdent de la synthèse soustractive;
- notre perception visuelle, qui, elle, relève de la physiologie.

Eh oui ! physique, chimie et physiologie sont incontournables quand il s'agit de comprendre cette couleur qui nous fascine tant. Une perte de temps, diront ceux et celles qui ont tellement hâte de manier leurs pinceaux qu'ils croient inutile de savoir tout cela; ce qui est une erreur. En art comme en toute chose, nous n'allons jamais plus loin que les limites de notre culture et de nos connaissances. Pour sortir des sentiers battus, il faut un minimum de détermination et de discipline. Allons-y ! Découvrons la couleur-lumière et la couleur-matière.

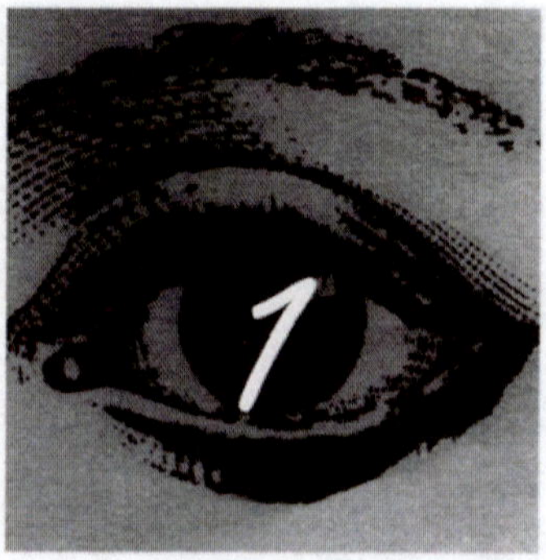

SYNTHÈSE ADDITIVE OU COULEUR-LUMIÈRE

C'est à Newton que l'on doit la première explication scientifique de la couleur. Nous verrons ici comment ses expériences physiques sur la lumière blanche l'ont amené à comprendre la provenance des couleurs, ce qui nous conduira aux caractéristiques des couleurs de la synthèse additive, les couleurs-lumière.

1.1 EXPÉRIENCE PHYSIQUE DE NEWTON SUR LA LUMIÈRE BLANCHE

Prisme *Solide de cristal à base triangulaire qui dévie et décompose les rayons lumineux.*

Couleur *Caractère d'une lumière, de la surface d'un objet selon l'impression visuelle particulière qu'elles produisent. Propriété que l'on attribue à la lumière et à la matière de produire une telle impression.*

Ton continu *Substitution graduelle d'une couleur à une autre.*

En 1671, Isaac Newton a démontré, en captant un rayon de la lumière blanche du jour à l'aide d'un **prisme**, que la **couleur** provient de cette même lumière blanche. (On dit aujourd'hui qu'une lumière blanche parfaitement équilibrée correspond à la lumière du Soleil réfléchie sur un nuage blanc à midi, ou à la lumière du jour en été à midi.) La densité du verre étant plus élevée que celle de l'air, il en a conclu que la lumière blanche composée de minuscules particules était déviée par diffraction, créant ainsi un ensemble par modulation de sept couleurs différentes en **tons continus** (rouge, orangé, jaune, vert, bleu, indigo et violet), lesquelles portent le nom de *couleurs du prisme* ou *couleurs du spectre* (*figure 1.1*). On sait aujourd'hui que ces minuscules particules de couleur ont également une longueur d'onde (*voir l'encadré « Qu'est-ce que les couleurs du spectre ? »*). Le même phénomène se produit sur des gouttelettes d'eau lorsque l'arc-en-ciel nous fait admirer ses couleurs splendides, généralement sur le fond gris sombre d'un ciel de fin d'orage.

Qu'est-ce que les couleurs du spectre ?

Les recherches de Newton l'ont conduit à considérer les couleurs du spectre comme des particules microscopiques ou corpuscules de la lumière blanche. Il expliqua que les couleurs diffèrent à cause des différentes grosseurs des particules. Plus tard, des scientifiques remirent en question cette conclusion : ils montrèrent, grâce au développement de la spectroscopie, que les couleurs sont en fait des ondes de longueurs différentes. Aujourd'hui, avec la théorie quantique, on sait que Newton avait tout autant raison que ses successeurs : les couleurs pures sont à la fois des ondes de longueurs différentes et des corpuscules de grosseurs différentes que l'on nomme *photons*.

FIGURE 1.1 Décomposition de la lumière blanche à travers le prisme.

En projetant les couleurs spectrales dans un autre prisme, c'est-à-dire en inversant le processus, Newton constata que les couleurs se recomposaient en lumière blanche, celle-ci n'étant en fait que la petite partie visible de l'énergie électromagnétique émise par le Soleil. On sait en effet aujourd'hui que seules les ondes de la lumière blanche ont des longueurs nous permettant de percevoir les couleurs, les ondes des infrarouges, des ultraviolets et des rayons cosmiques étant imperceptibles à l'œil humain.

On dit des couleurs du prisme qu'elles sont *pures* parce qu'elles ne peuvent se diviser de nouveau lorsqu'elles sont projetées à travers un second prisme.

Lors de sa découverte, Newton perçut également que les sept bandes de couleur émises par le prisme n'étaient pas égales et que l'orangé et le rouge, par exemple, apparaissaient beaucoup plus larges que le jaune. Mais ce qu'il y a de plus intéressant pour les artistes, c'est que le grand physicien comprit qu'il y avait un lien entre ces couleurs. Il perçut, dans la diffusion floue des bandes de couleur, que le jaune et le vert établiraient le jaune-vert, et il eut la sensation

Isaac Newton (1642-1727)

Physicien, mathématicien et astronome anglais. Il énonça en 1669 une théorie de la composition de la lumière blanche qu'il croyait formée de corpuscules. Cette théorie fut remise en question au XIXe siècle alors que l'on a prétendu que la lumière était plutôt formée d'ondes. Aujourd'hui, la théorie quantique nous apprend que la lumière est à la fois ondes et corpuscules. Newton découvrit aussi les lois de l'attraction universelle (1687), il inventa le télescope (1672) et il trouva les bases du calcul différentiel.

d'un pourpre qui serait créé par le rouge et le violet dans la plus basse partie du spectre. Bien que ces couleurs ne fassent pas partie du spectre, elles amenèrent Newton à les inclure aux couleurs prismatiques dans une forme géométrique qui lui permettrait d'établir leurs liens et leurs rapports de complémentarité. C'est ainsi qu'il créa le cercle chromatique en douze parties que nous étudierons un peu plus loin. Pourquoi le cercle ? D'abord pour opposer les couleurs selon leur complémentarité et, ensuite, pour prouver qu'en le faisant tourner rapidement les couleurs disparaîtraient pour ne laisser percevoir que le blanc. Newton avait raison et donna aux artistes leur premier outil valable de référence.

1.2 LA SYNTHÈSE ADDITIVE

La synthèse additive est la base de toutes les connaissances établies par Newton. Elle procède des couleurs émises par la lumière. Ainsi, toutes les couleurs que l'on peut voir dans le noir total sont forcément issues de cette synthèse. Par exemple, vous éteignez tous les appareils d'éclairage et vous percevez toujours les couleurs à l'écran de votre téléviseur; vous marchez dans la rue à trois heures du matin et vous pouvez lire le mot *restaurant* écrit en néon bleu. Ces couleurs proviennent de la lumière. Si vous coupez leurs sources d'énergie, les ondes lumineuses n'existeront plus et la couleur disparaîtra. Les couleurs que vous percevez à la lumière du jour ou sous une lumière artificielle, qu'elles émanent d'un paysage, d'un vêtement ou d'un tableau, sont d'une tout autre nature; elles procèdent de la synthèse soustractive que nous aborderons un peu plus loin (*voir la page 10 et l'encadré « Confusion entre la synthèse additive et la synthèse soustractive »*).

La synthèse additive se rapporte donc aux ondes lumineuses qui, selon leur longueur, engendrent les couleurs que nous percevons.

Confusion entre la synthèse additive et la synthèse soustractive

ARRÊT, vous indique l'octogone rouge à l'intersection de la rue à midi. Évidemment, le rouge ne procède pas de la synthèse additive, car aucune source lumineuse ne produit la couleur. Vous revenez en soirée; l'ARRÊT, en sens inverse, vous signale d'arrêter. Êtes-vous alors encore en synthèse soustractive ou en synthèse additive ? Que se passe-t-il donc ? Vous avez vu une lumière rouge émaner de l'enseigne; pourtant, cette enseigne ne possède aucune source d'énergie à proprement parler. Faux ! Son support est une surface dans laquelle sont imbriquées des milliers et des milliers de billes de verre qui reflètent comme un miroir la lumière de vos phares et établissent ainsi une source lumineuse. Du même coup, vous vous retrouvez en synthèse additive. Faux ! Ce n'est pas cette source lumineuse qui produit le rouge du panneau de signalisation. D'où vient-il alors ? Il provient du pigment rouge appliqué en transparence sur le support réfléchissant; donc, vous êtes en synthèse soustractive.

Comment s'y retrouver ? Ne seriez-vous pas en présence des deux synthèses ? Additive par la réflexion de la lumière à peine atténuée de vos phares et soustractive par le rouge des pigments ? Retenons pour l'instant que la *synthèse additive* se rapporte à la couleur produite directement par la *lumière* et que la *synthèse soustractive* est le fruit de la couleur produite par la réflexion de la lumière sur la *matière*.

FIGURE 1.2 *Couleurs primaires de la synthèse additive. Trois rayons de lumière rouge, verte et bleue dirigés sur un même point produiront un blanc absolu. En modifiant leur luminance respective, on peut créer une gamme infinie de couleurs.*

COULEURS PRIMAIRES

Couleur primaire *Couleur pure, impossible à produire à partir d'autres couleurs.*

Les trois **couleurs primaires** de la synthèse additive sont le rouge, le vert et le bleu; elles correspondent aux couleurs que perçoit l'œil humain. En projetant ces trois couleurs en superposition sur un point donné, on obtient un blanc absolu (*figure 1.2*).

1 rouge + 1 vert + 1 bleu = blanc

En variant l'intensité lumineuse de ces couleurs primaires, on peut composer toutes les couleurs visibles ou presque.

COULEURS SECONDAIRES

En projetant sur un même point, dans des proportions relatives et équivalentes, deux couleurs primaires de la synthèse additive, on obtient les couleurs secondaires :

1 rouge + 1 vert = jaune
1 rouge + 1 bleu = magenta
1 bleu + 1 vert = cyan

Nous verrons plus loin que ces trois couleurs secondaires (JMC) sont transposées par pigments en couleurs-matière que l'on utilise en reproduction (*voir « La quadrichromie », page 14*).

COULEURS COMPLÉMENTAIRES

En synthèse additive, on dit complémentaires deux couleurs qui, projetées en même temps, donnent un blanc. C'est le cas des trois couleurs secondaires suivantes lorsqu'elles sont opposées aux couleurs primaires :

- le jaune est la complémentaire du bleu;
- le cyan est la complémentaire du rouge;
- le magenta est la complémentaire du vert.

COULEURS-LUMIÈRE COMPOSÉES

Dans des proportions inégales et bien calibrées, deux ou trois couleurs différentes de lumière composent les couleurs suivantes lorsqu'elles sont projetées sur un point donné :

2 rouge + 1 vert = orangé

2 vert + 1 rouge = vert-jaune

1 bleu + 1 vert + 4 rouge = brun

Nous comprenons donc qu'en mélangeant diverses couleurs de faisceaux lumineux selon des intensités variées, nous arrivons à produire une gamme à peu près infinie de teintes et de nuances.

1.3 LONGUEURS D'ONDES

Longueur d'onde *Distance entre deux crêtes successives d'une onde continue.*

Comme le montre le tableau 1.1, à chaque couleur du spectre correspond une longueur d'onde. Les **longueurs d'ondes** se mesurent en nanomètres (nm). Nous savons que notre œil perçoit les ondes lumineuses comprises entre 380 et 780 nm.

TABLEAU 1.1 *Longueurs d'ondes des couleurs du spectre.*

Couleur	Longueur d'onde
Jaune	550 - 580 nm
Orangé	590 - 640 nm
Rouge	650 - 800 nm
Vert	530 - 490 nm
Bleu	460 - 480 nm
Indigo	440 - 450 nm
Violet	390 - 430 nm

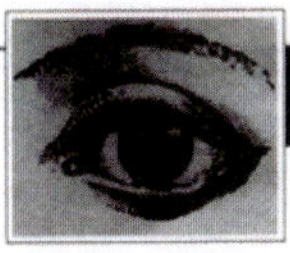

... de toutes les couleurs !

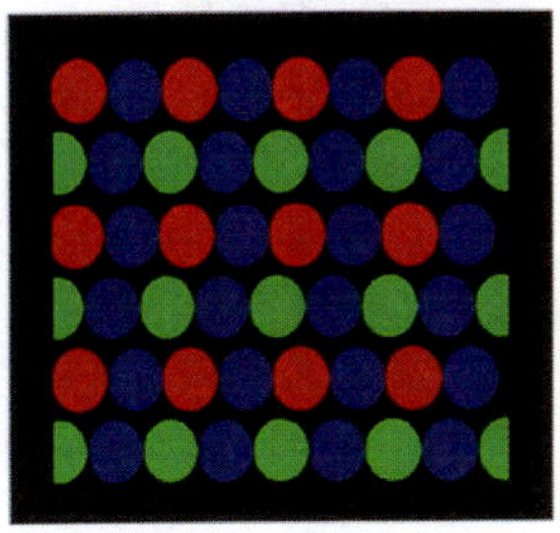

Regardez l'écran de votre téléviseur à l'aide d'une loupe. Vous découvrirez la présence de milliers de petits points de lumière rouges, verts et bleus (les couleurs primaires de la synthèse additive) que l'on achemine dans votre récepteur par le biais de l'électronique. Répartis selon des intensités variées, ces points composent toutes les couleurs et les nuances que vous distinguez à l'écran.

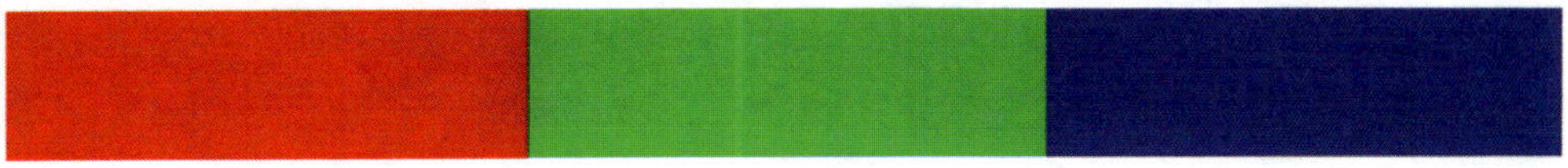

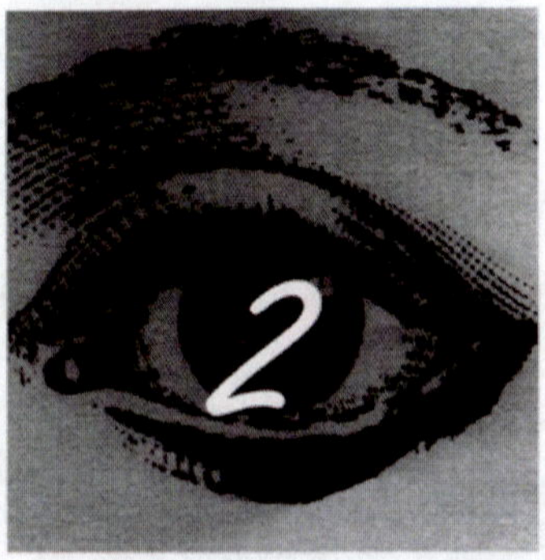

SYNTHÈSE SOUSTRACTIVE OU COULEUR-MATIÈRE

Nous abordons maintenant un sujet beaucoup plus attrayant pour les artistes : les principes de la synthèse soustractive, synthèse qui découle de la couleur sous forme de matière, de la couleur qu'on aime, des pigments que l'on retrouve dans nos tubes de peinture, nos pastels et nos jeux d'aquarelle.

Nous verrons aussi les couleurs que l'on utilise en reproduction, les couleurs de la quadrichromie : c'est que leurs primaires sont différentes de celles du cercle chromatique de Newton. Encore Newton ? Eh oui ! Newton est incontournable, que l'on parle de lumière ou de matière. Et il est essentiel de connaître l'importance des couleurs de son cercle chromatique.

Un autre savant, le poète et écrivain allemand Goethe, a aussi contribué largement à la connaissance de la couleur par ses recherches sur la luminosité; un peu de concentration et de logique nous suffiront pour bien comprendre cet autre aspect fondamental de la couleur.

Il faut bien l'avouer. Si les grands peintres nous ont apporté les plaisirs visuels de la couleur, ce sont d'abord les scientifiques d'hier et d'aujourd'hui qui nous ont permis de la comprendre par leurs découvertes et leurs théories.

Allons voir !

2.1 PRINCIPES DE LA SYNTHÈSE SOUSTRACTIVE (matière)

Dans le noir, la couleur de tout ce qui nous entoure n'existe pas pour la simple raison qu'il n'y a pas de lumière. La couleur de toute surface colorée correspond en effet à la réflexion de la lumière. Ces surfaces n'émettent pas de lumière; elles réfléchissent les couleurs selon leur longueur d'onde. Alors pourquoi rouge, gris, brun et toutes les autres couleurs ? Par soustraction des composantes de la lumière blanche.

Utiliser la synthèse soustractive consiste en effet à soustraire les composantes bleues, vertes et rouges de la lumière blanche en utilisant des **filtres** colorés ou des **pigments** qui jouent le rôle de filtres soustractifs. Un objet nous apparaît bleu parce que les molécules des pigments qui le recouvrent ont *soustrait*, c'est-à-dire absorbé, toutes les autres longueurs d'ondes, ne laissant réfléchir que le bleu précis que nous observons.

Filtre *Corps transparent utilisé pour intercepter certaines radiations du spectre.*

Pigment *Substance colorée (d'origine minérale, organique ou métallique), généralement insoluble, qui colore la surface sur laquelle on l'applique, sans pénétrer dans les fibres (au contraire des teintures).*

FIGURE 2.1 *Couleurs primaires de la synthèse soustractive.*

COULEURS PRIMAIRES DE LA SYNTHÈSE SOUSTRACTIVE

Les couleurs primaires de la synthèse soustractive sont le jaune, le rouge et le bleu. Comme on peut le voir à la figure 2.1, le mélange de ces couleurs donne un brun noirâtre; par ailleurs, superposées en transparence ou mélangées entre elles, deux couleurs primaires composeront l'orangé, le vert et le violet.

On dit de ces couleurs primaires qu'elles sont justes lorsque le jaune ne contient ni de rouge ni de bleu, que le rouge ne contient ni de jaune ni de bleu et que le bleu ne contient ni de jaune ni de rouge.

2.2 LE CERCLE CHROMATIQUE DE NEWTON

On l'a dit : c'est à Newton que l'on doit le *cercle chromatique* qui procède directement des couleurs du spectre, à l'exception de l'indigo (*voir l'encadré « Mettons les choses au clair ! »*). À ces couleurs il a ajouté le pourpre, lequel, contrairement aux bandes du spectre qui n'en ont qu'une seule, est composé d'un mélange de longueurs d'ondes oscillant entre le rouge et le violet.

La fonction première du cercle chromatique est de montrer les liens entre les couleurs de base et d'en établir les relations de complémentarité et d'opposition. Il faut se rappeler que les couleurs du spectre proviennent de la lumière et que l'on a reproduit ces couleurs en synthèse soustractive à l'aide de pigments. Cela donne bien sûr des résultats aléatoires puisqu'aucun pigment ne peut reproduire la luminance de la lumière.

Mettons les choses au clair !

Il existe une confusion quasi universelle concernant les couleurs du spectre et celles du cercle chromatique. À l'entrée *prisme* du *Petit Larousse illustré*, on dénombre six couleurs, le violet n'étant pas mentionné. À l'entrée *couleur* dans *Le Petit Robert*, voilà qu'il y a sept couleurs spectrales, dont le violet. La même confusion se retrouve dans de nombreux ouvrages encyclopédiques ou scientifiques pourtant sérieux.

Une couleur du spectre est responsable de cette confusion : l'indigo, qui n'est pas vraiment un bleu bien défini et qui a un aspect un peu métallique. Bref, bien qu'il fasse partie du spectre, l'indigo est absent du cercle chromatique; il s'agit d'une couleur étrangère qui se classe ailleurs d'elle-même. Ce sont donc les six couleurs restantes qui établissent les bases du cercle chromatique, dont le violet.

LES COULEURS DU CERCLE CHROMATIQUE

Les trois couleurs primaires de la synthèse soustractive sont à la base du cercle chromatique (*figure 2.2*). Divisé en douze parties (*figure 2.3*), le cercle chromatique est en effet d'abord composé du jaune, du rouge et du bleu. Les trois couleurs qui leur font face dans le cercle sont les **couleurs secondaires** : orangé, vert et violet que l'on obtient en mélangeant deux couleurs primaires (*figure 2.4*); les couleurs secondaires sont les complémentaires des couleurs primaires. Six **couleurs tertiaires** complètent l'ensemble : le jaune-orangé, le rouge-orangé, le pourpre, le bleu-violet, le bleu-vert et le jaune-vert (*figure 2.5*). Chacune des couleurs tertiaires est obtenue en mélangeant une couleur primaire et une couleur secondaire. Toutes les couleurs se faisant face dans le cercle chromatique sont complémentaires l'une de l'autre. Si l'on ajoute du blanc à l'une de ces couleurs, les demi-teintes ainsi obtenues gardent les mêmes complémentaires qui doivent aussi être pâlies proportionnellement à leur luminosité intrinsèque.

Couleur secondaire *Mélange de deux couleurs primaires. Le vert est une couleur secondaire, dans la synthèse soustractive.*

Couleur tertiaire *Mélange d'une couleur primaire et d'une couleur secondaire.*

Il en va du cercle chromatique comme des points cardinaux : on ne peut composer indéfiniment des subdivisions sans y perdre en signification (nord, nord-est, est-nord-est, etc.). Il est inutile de diviser le cercle en un plus grand nombre de couleurs parce qu'il faudrait alors recourir à la colorimétrie pour les identifier.

Les couleurs du cercle chromatique ne correspondent pas toujours à la pratique contemporaine de la couleur. Certains voudraient en remplacer les trois primaires

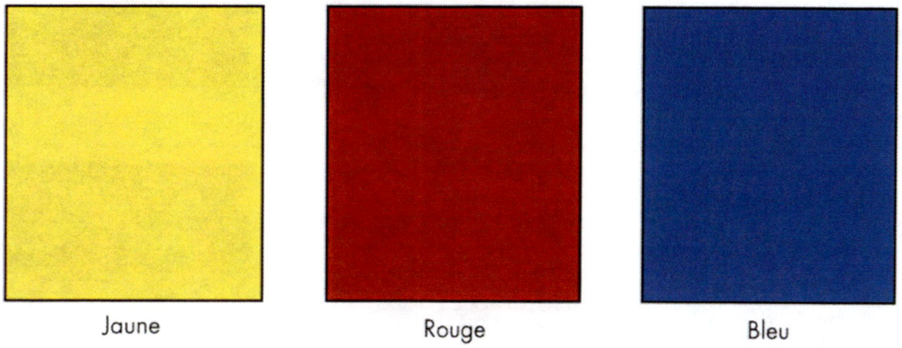

FIGURE 2.2 *Couleurs primaires de la synthèse soustractive.*

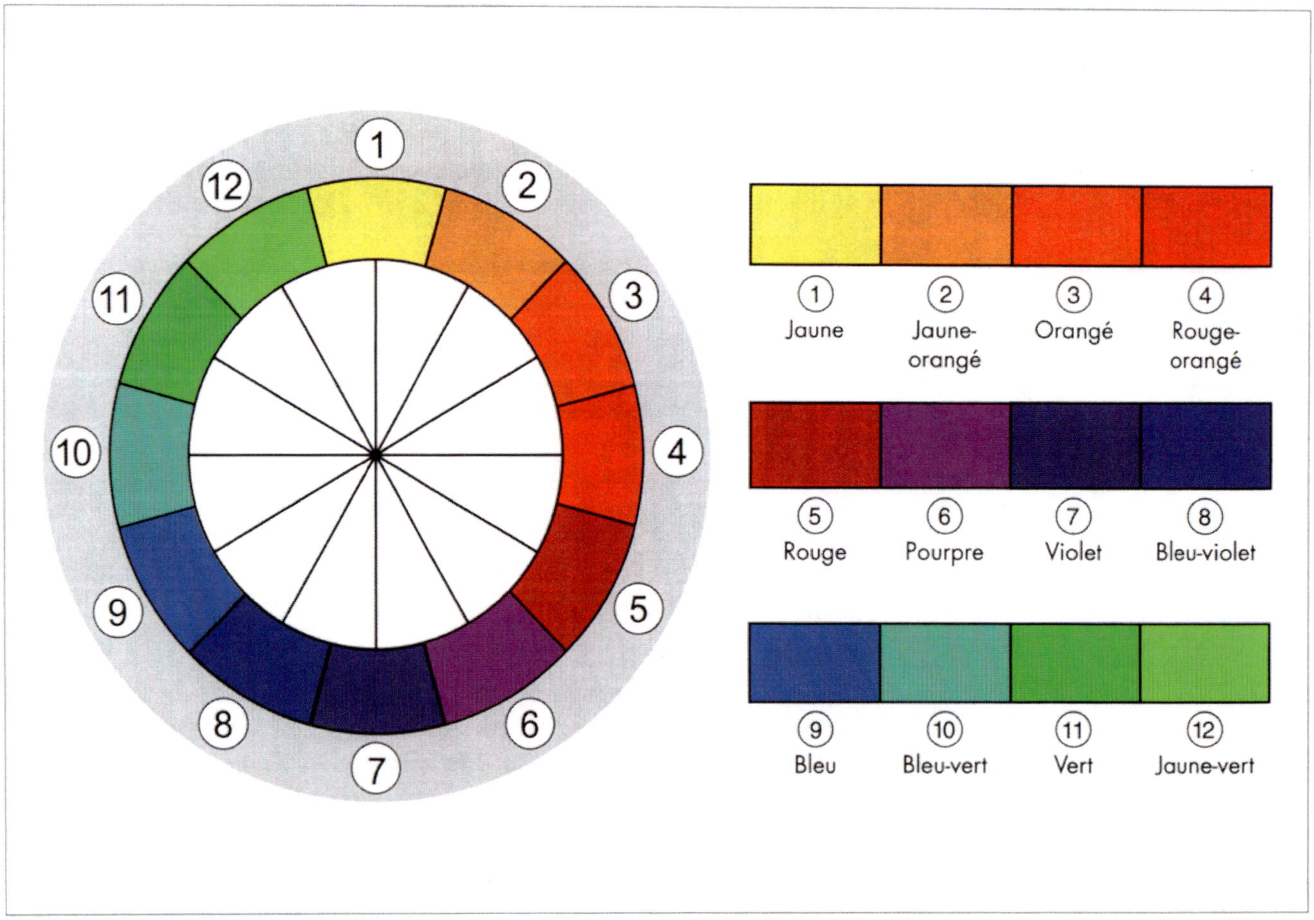

FIGURE 2.3 *Le cercle chromatique.*

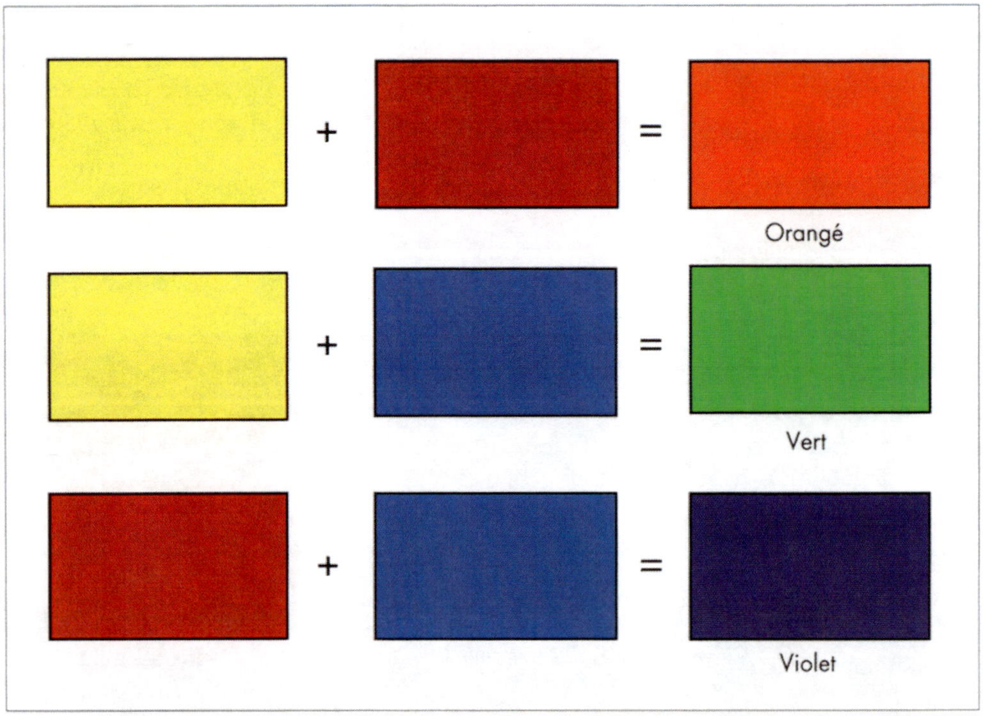

FIGURE 2.4 *Couleurs secondaires. C'est en mélangeant deux couleurs primaires du cercle chromatique que l'on obtient les couleurs secondaires, lesquelles sont les complémentaires des couleurs primaires.*

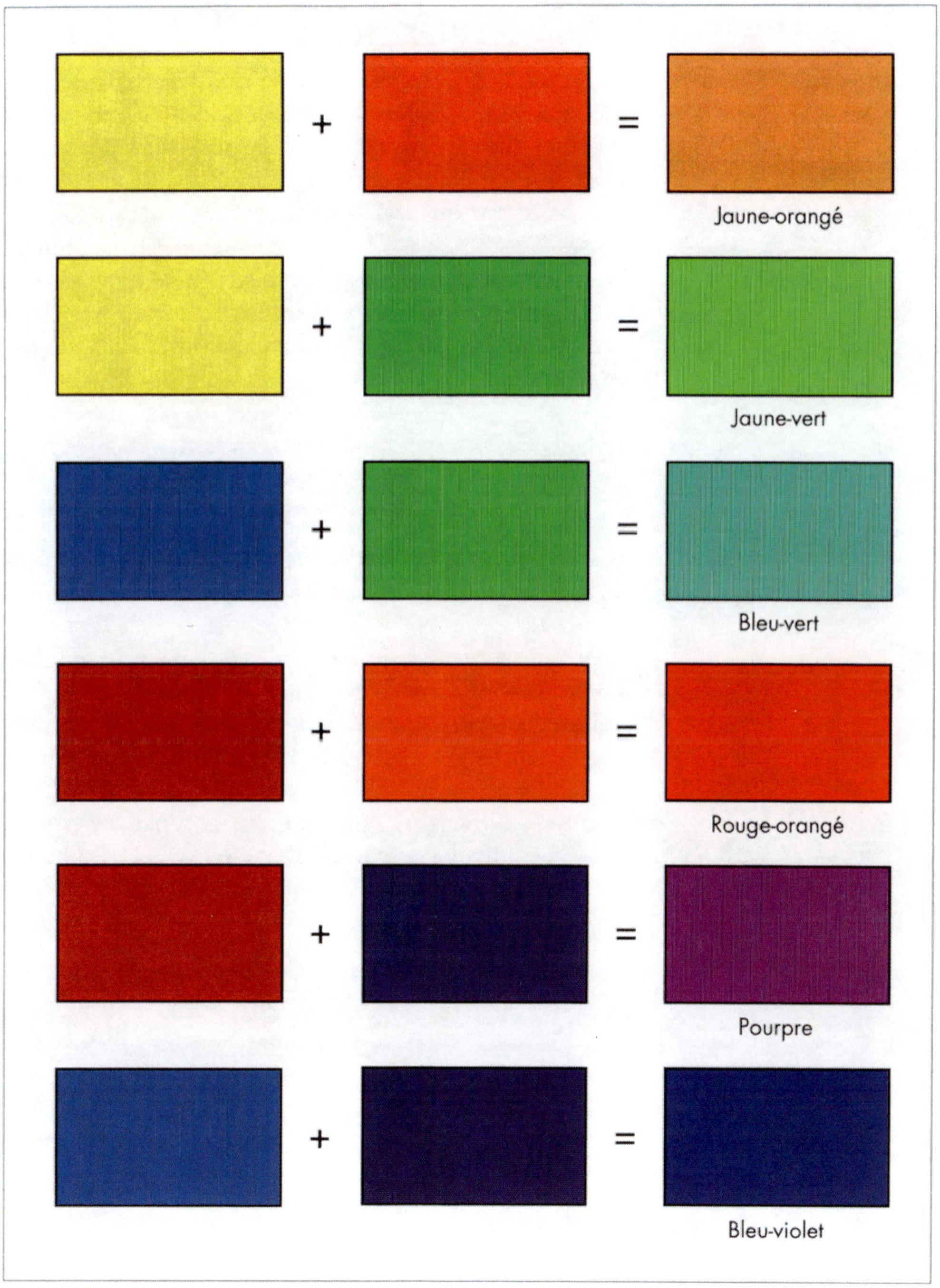

FIGURE 2.5 *Couleurs tertiaires. Les couleurs tertiaires de cercle chromatique correspondent au mélange d'une couleur primaire et d'une couleur secondaire.*

par les couleurs utilisées en reproduction : *jaune, magenta* et *cyan*. Ce qui est fort compréhensible étant donné que plusieurs théories modernes permettant de comprendre et d'utiliser la couleur sont basées sur ces trois couleurs composées par la superposition de couleurs-lumière; c'est le cas de l'ordonnance des couleurs de Müller, de Hickethier et du *Colorcube* contemporain (*voir les pages 43 à 45*). Néanmoins, il ne saurait être question d'aller dans ce sens sans balayer du revers de la main les principes fondamentaux établis par Newton. Le cercle chromatique a en effet été créé à partir des six couleurs pures du spectre (lumière), alors que le jaune, le magenta et le cyan sont des couleurs composées à partir des primaires de la synthèse additive, soit le rouge, le vert et le bleu. On ne peut donc les substituer aux couleurs primaires de base.

2.3 COULEURS DE LA QUADRICHROMIE

Quadrichromie *Méthode d'impression à partir des trois couleurs primaires (jaune, magenta, cyan) auxquelles on ajoute le noir.*

Les couleurs transparentes de la **quadrichromie** (*figure 2.6*) ont été empruntées à l'origine aux couleurs composées de la synthèse additive. Le *jaune* provient du mélange-lumière rouge et vert; le *magenta*, du mélange-lumière rouge et bleu; et le *cyan*, du mélange-lumière vert et bleu. Mais ce rapprochement ne tient plus dès que ces trois couleurs sont reproduites à l'aide de pigments : nous sommes alors en synthèse soustractive. En principe, ces trois pigments mélangés ou superposés devraient produire le noir. Or, il se trouve qu'à ce jour on n'a pas réussi à trouver des pigments qui correspondent parfaitement aux couleurs authentiques. De là l'obligation de leur ajouter le noir si l'on veut en tirer toutes les couleurs existantes.

jaune + magenta = rouge
jaune + cyan = vert
magenta + cyan = bleu
jaune + magenta + cyan + noir = noir

Les couleurs de la quadrichromie ont d'abord et avant tout été créées pour être utilisées en transparence par les imprimeurs. Elles tirent leur luminosité du support blanc sur lequel elles sont superposées. Si le blanc de ce support est tant soit peu teinté de jaune ou de bleu, toutes les couleurs composées seront fausses. Ces couleurs sont aussi disponibles en tubes de peinture à l'huile, à l'acrylique et en aquarelle. Opaques et mélangées entre elles avec du blanc, elles ne se comportent pas de la même façon qu'en imprimerie et sont souvent décevantes. Il ne faut pas s'attendre à ce que 10 % de cyan mélangé à 90 % de blanc donne le même résultat que 10 % de cyan en trame par transparence. Les aquarellistes par contre s'en tirent assez bien avec ces couleurs parce qu'ils travaillent justement en transparence.

FIGURE 2.6 *Les couleurs de la quadrichromie.*

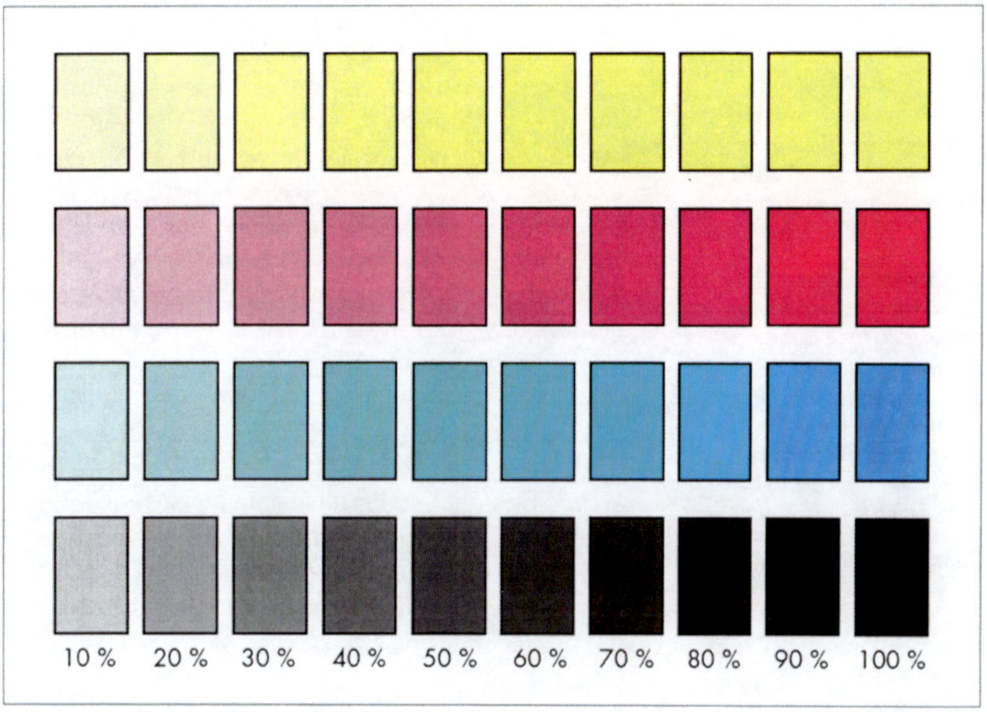

FIGURE 2.7 *Différentes valeurs des couleurs de la quadrichromie établies en pourcentages, de 10 % à 100 %, cette dernière équivalant à la couleur pure.*

Ton *Couleur considérée du point de vue de son intensité lumineuse (valeur) et de son degré de saturation.*

Teinte *Couleur complexe, obtenue par mélange.*

Valeur *Qualité d'un ton plus ou moins foncé, plus ou moins saturé.*

On peut reproduire avec les couleurs de la quadrichromie toutes les couleurs existantes. Superposées en aplats transparents, elles peuvent produire une impressionnante gamme de **tons** et de **teintes**. En arts graphiques, la **valeur** ou l'intensité lumineuse de ces couleurs s'établit en pourcentage de 10 % à 100 % (*figure 2.7*), cette dernière valeur équivalant à la couleur pure.

Les quinze couleurs illustrées à la figure 2.8 ont été obtenues par la superposition des quatre couleurs telles que réparties dans les rectangles au bas de la figure. En modifiant leurs valeurs respectives, on réussit à reproduire un nombre infini de couleurs.

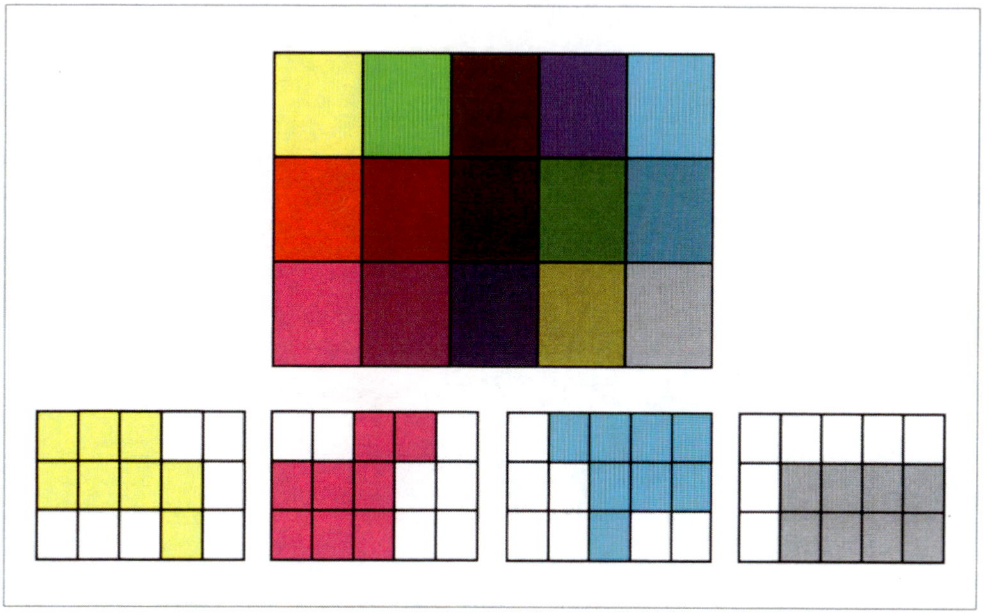

FIGURE 2.8 *Ensemble de teintes obtenues par superposition du jaune (100 %), du magenta (70 %), du cyan (60 %) et du noir (20 %), tels que répartis dans les rectangles au bas de la figure.*

2.4 LA LUMINOSITÉ DES COULEURS

Luminosité *Qualité d'une couleur qui reçoit et réfléchit beaucoup de lumière naturelle. Qualité de ce qui est lumineux. Perception de la luminance.*

Luminance *Quotient de l'intensité lumineuse émise par une surface par l'aire apparente de cette surface émissive. La luminance s'exprime en candelas par mètre carré, ou par une valeur de 1 à 100, relative à un blanc de référence.*

Candela *Unité d'intensité lumineuse : 1/683 W/sr.*

En synthèse soustractive, toute couleur a sa **luminosité** propre : plus ou moins brillante. Cette luminosité correspond à la perception visuelle de la réflexion de la lumière. On ne doit pas la confondre avec la **luminance** de la synthèse additive, laquelle est émise directement de la lumière et mesurée en **candelas** par mètre carré. Une luminance approximative de 20 % est perçue par l'œil comme un gris de 50 %.

La luminosité est un des éléments de base de l'établissement de l'ordonnance des couleurs (appelée par certains auteurs *espace colorimétrique*). Elle intervient également dans la comparaison entre les couleurs et les gris lorsque celles-ci sont transposées en noir et blanc.

L'ÉCHELLE DE LUMINOSITÉ DE GOETHE

Observez bien les bandes de la gamme chromatique présentées à la figure 2.9; bien qu'elles soient toutes du même format, certaines semblent plus larges que d'autres. C'est que leur luminosité est différente. Pour les équilibrer visuellement, on doit se référer à l'échelle de luminosité de Goethe (*figure 2.10*). Cette échelle, établie au

FIGURE 2.9 *Les bandes de la gamme chromatique sont toutes du même format. On remarque toutefois que certaines semblent plus larges que d'autres. C'est le cas par exemple du jaune comparé au violet. Cela est dû à sa luminosité qui est trois fois supérieure à celle du violet.*

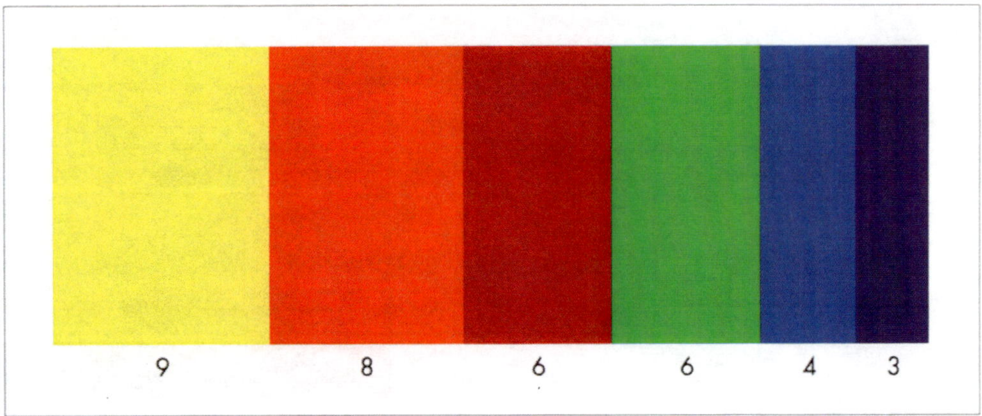

FIGURE 2.10 *L'échelle de luminosité de Goethe. Selon cette échelle, la luminosité des couleurs s'établit comme suit :*
jaune = 9, orangé = 8, rouge = 6, vert = 6, bleu = 4, violet = 3.

Johann Wolfgang von Goethe (1749-1832)

Célèbre écrivain et poète allemand. Il consacra plusieurs années de sa vie à la littérature, mais aussi à la science. On lui doit *Métamorphose des plantes* (1790) et *La théorie des couleurs* (1810).

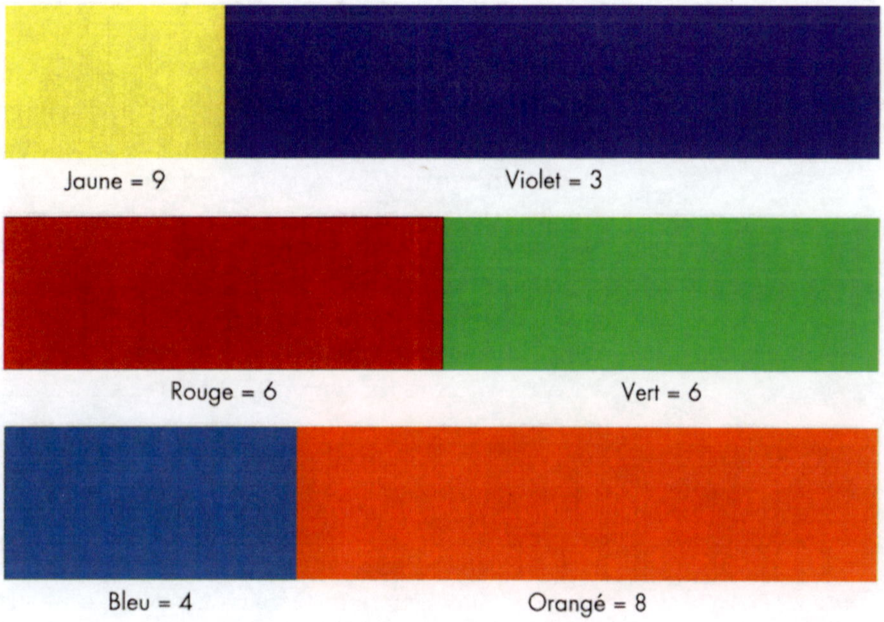

FIGURE 2.11 *Rapports comparatifs et quantitatifs de luminosité entre les couleurs primaires et leur complémentaire.*

Harmonieux *Se dit de couleurs bien équilibrées ou ne créant aucun effet résiduel.*

début du XIXe siècle par Johann Wolfgang von Goethe, définit les rapports quantitatifs dits **harmonieux** entre les couleurs primaires et leur complémentaire, soit les six principales couleurs du cercle chromatique.

C'est à partir de cette échelle de luminosité que l'on a établi les rapports quantitatifs dits harmonieux entre chacune des couleurs illustrées à la figure 2.11. En pratique, il est impossible de les utiliser adéquatement à l'intérieur d'une composition libre parce que seul notre œil peut alors juger de leur qualité. Ces rapports sont cependant utiles lorsqu'il s'agit de mélanger des couleurs. Par exemple, un mélange composé de 50 % de rouge et de 50 % de vert donnera un gris sans dominance de l'une ou l'autre de ces deux teintes. Ces rapports servent également lorsqu'on veut tirer le maximum de luminosité d'une primaire et de sa complémentaire. On aura compris que le rouge et le vert ne produisent pas le même effet si on les oppose en proportions égales plutôt que dans une proportion de 20 % de vert à 80 % de rouge. Dans ce dernier cas, le vert atteindra une luminosité très marquée.

Luminosité et contraste

Par un curieux cheminement, on en est venu à rattacher les proportions comparatives de luminosité établies par Goethe au contraste de quantité. Cela est à première vue étonnant puisque Goethe les a établies à partir des couleurs primaires et complémentaires mises en opposition. Ces mêmes rapports quantitatifs indiquent en même temps comment mélanger ces couleurs entre elles pour obtenir leur saturation vers un gris neutre. Est-ce à dire qu'une quantité égale de rouge et de vert, répartie dans un ensemble coloré, ne constitue pas un contraste de complémentaires ? Est-ce que trois gouttes d'orangé appliquées sur du bleu ont quelque chose à voir avec un contraste de quantité ? Peut-être ! Nous reviendrons sur ce sujet lorsque nous aborderons l'étude des sept contrastes (*voir les pages 99 à 107*).

2.5 COMPOSITION CHIMIQUE DES COULEURS

De tout temps, partout dans le monde, les humains ont produit des couleurs à partir de teintures et de pigments. L'histoire est inépuisable à ce sujet. Retenons que les maîtres anciens possédaient, attenant à leur atelier, un véritable laboratoire dans lequel ils préparaient leurs couleurs à la détrempe, à l'huile ou à fresque. Imaginons Léonard de Vinci, Michel-Ange, Raphaël, Rubens ou Rembrandt en train de broyer des pigments pour les mélanger ensuite à des liants comme de l'eau, des huiles, de la cire ou du mortier. Chacun cherchait la recette ou la formule magique. L'un changeait d'huile chaque fois, l'autre utilisait de l'huile de noix tamisée. Huile de pavot, essence de lavande, vernis de coprah, tout y est passé. Ce sont finalement les frères Van Eyck qui ont inventé la peinture à l'huile au xve siècle.

LES COULEURS SUR LE MARCHÉ

Il a fallu bien longtemps avant que commence la fabrication industrielle des tubes de couleurs. Au début, leur qualité était pour le moins douteuse. Ce sont les impressionnistes, hélas, qui en ont fait les frais; beaucoup de tableaux de cette période ont perdu leurs couleurs originales, qui se sont altérées ou noircies.

Étonnamment, des artistes contemporains s'évertuent encore à mélanger eux-mêmes des pigments en poudre à des liants. Cela les concerne, évidemment; néanmoins, ils le font à leurs risques et périls. Par ailleurs, d'autres mélangent des couleurs fluorescentes à leurs couleurs de base, ce qui n'est pas sans risques. Ces pigments, bien qu'améliorés, n'en demeurent pas moins très fragiles à la lumière du jour. De là le rouge splendide du tableau qui s'estompe après quelques années.

En fait, nous bénéficions de nos jours d'excellents produits dont la qualité répond aux normes les plus rigoureuses. La chimie moderne met en effet à notre disposition un ensemble remarquable de couleurs de base que nous pouvons exploiter à souhait. Seuls quelques pigments inquiétants sont toujours utilisés à tort par beaucoup de peintres :

- le bleu de Prusse, qui noircit et qui, en plus de cette lacune, ne peut être mélangé avec du blanc de zinc ou du vermillon;
- le bleu de cobalt, qui se teinte de vert à la longue;
- le vermillon, qui noircit et que l'on ne doit pas mélanger à des couleurs à base de cuivre ou de plomb tels les jaunes de Naples et de chrome.

IDENTIFICATION DES COULEURS

Les fabricants utilisent souvent les noms des pigments pour identifier les couleurs — *jaune de nickel, rouge de cadmium, bleu de cobalt* — ou indiquent leur composition sur les emballages. Comme certains pigments, à cause de leur rareté, coûtent très cher, les fabricants produisent aussi des pigments synthétiques de remplacement. Ainsi, il faut savoir que lorsqu'une couleur est identifiée *Cobalt HUE*, par exemple, il ne s'agit pas d'un bleu de cobalt, mais d'une couleur se situant près du bleu de cobalt dans l'ordonnance chromatique. Il ne faut pas attendre de ces pigments synthétiques qu'ils se comportent comme les originaux. Tenons pour acquis que l'on ne pourra pas en tirer la même luminosité et que leur mélange avec d'autres couleurs sera souvent très décevant.

Parmi les très nombreuses couleurs que nous utilisons aujourd'hui, beaucoup sont le fruit de mélanges de divers pigments. Il ne faut pas croire qu'une couleur en tube est nécessairement pure. *Vert jaune brillant* par exemple, que l'on retrouve en acrylique, est composé de pigments arylide jaune, de vert de phtalo et de blanc (dioxyde de titane). Ajoutons que le même nom sur des tubes de couleurs ne signifie pas qu'elles sont identiques. Loin de là ! Il y a de sérieuses variantes selon les fabricants.

COMPOSITION DES COULEURS

Les pigments de couleur sont généralement broyés en microns. Comme l'indique le tableau 2.1, ils peuvent être d'origine minérale, organique, métallique ou

TABLEAU 2.1 *Composition chimique des couleurs selon leurs principaux pigments.*

Couleur des pigments	Type de couleur	Composition
Pigments jaunes	jaune de Naples	antimoniate de plomb
	jaune de cadmium	cadmium
	jaune ocre	argiles contenant des oxydes de fer
	jaune de chrome	oxyde de plomb (toxique)
	terre de Sienne naturelle	mélange d'argile et d'oxyde de fer séché et broyé[1]
Pigments rouges	terre de Sienne brûlée	ocre jaune calciné ou terre de Sienne calcinée
	vermillon	minéral
	rouge de cadmium	cadmium[2]
	magenta	pigment quinacridone magenta
	rouge-violet	pigment quinacridone violet
	garance	d'origine végétale
	violet	quinacridone violet ou fer pur broyé
Pigments bleus	bleu outremer	tiré à l'origine du lapis-lazuli, pierre semi-précieuse[3]; maintenant produit synthétiquement
	bleu de cobalt	cobalt
	bleu de manganèse	bleu de phtalocyanine, vert de phtalo, dioxyde de titane
Pigments verts	vert émeraude	vert phtalocyanine, arylide jaune, dioxyde de titane
	vert permanent	oxyde de chrome, jaune de cadmium
	terre verte	céladonile, glauconite
Pigments bruns	ombre naturelle	terre de Sienne naturelle, oxyde de fer noir
	ombre brûlée	terre de Sienne calcinée, oxyde de fer noir
	brun Van Dyck	lignite ou oxyde de manganèse
Pigments noirs	noir d'ivoire	os calcinés (autrefois ivoire)
	noir de mars	carbone
Pigments blancs	blanc de titane	dioxyde de titane[4]
	blanc de zinc	oxyde de zinc

1. Provient souvent d'une carrière située dans les Ardennes.
2. Le rouge de cadmium devrait être préféré au vermillon parce qu'il est plus stable.
3. En Europe à l'époque, on importait ce pigment de l'Afghanistan actuel. On disait donc de ce bleu qu'il provenait « d'outremer », de là son nom actuel.
4. Le blanc de titane est le plus souvent utilisé parce qu'il ne jaunit pas.

synthétique. Contrairement aux teintures, les pigments sont insolubles, c'est-à-dire qu'ils restent en suspension dans le liant. Ce sont les mêmes qui sont utilisés pour la peinture à l'huile, l'acrylique, l'aquarelle, les pastels, etc.

QUALITÉ DES PIGMENTS

La qualité des pigments est généralement indiquée sur les tubes de couleurs de la façon suivante :

- *** signifie *couleur fixe même diluée*;
- ** signifie *couleur stable*;
- * signifie *couleur stable si utilisée pure*;
- la lettre M indique que la couleur du tube est un mélange stable.

Parfois, le mot « *AZO* » est ajouté au nom d'une couleur. Ce mot définit une fonction chimique relative à la structure moléculaire des pigments. Ceux-ci peuvent réagir de façon inattendue lorsqu'ils sont mélangés à d'autres pigments; ce qui n'est pas toujours le cas, loin de là. Il s'agit simplement d'un avertissement.

ÉCHANTILLONS DE COULEURS

La figure 2.12 présente des échantillons des couleurs les plus souvent utilisées; ces couleurs sont à l'occasion identifiées par le nom des pigments qui les composent. (Les couleurs de ces échantillons sont bien sûr approximatives.)

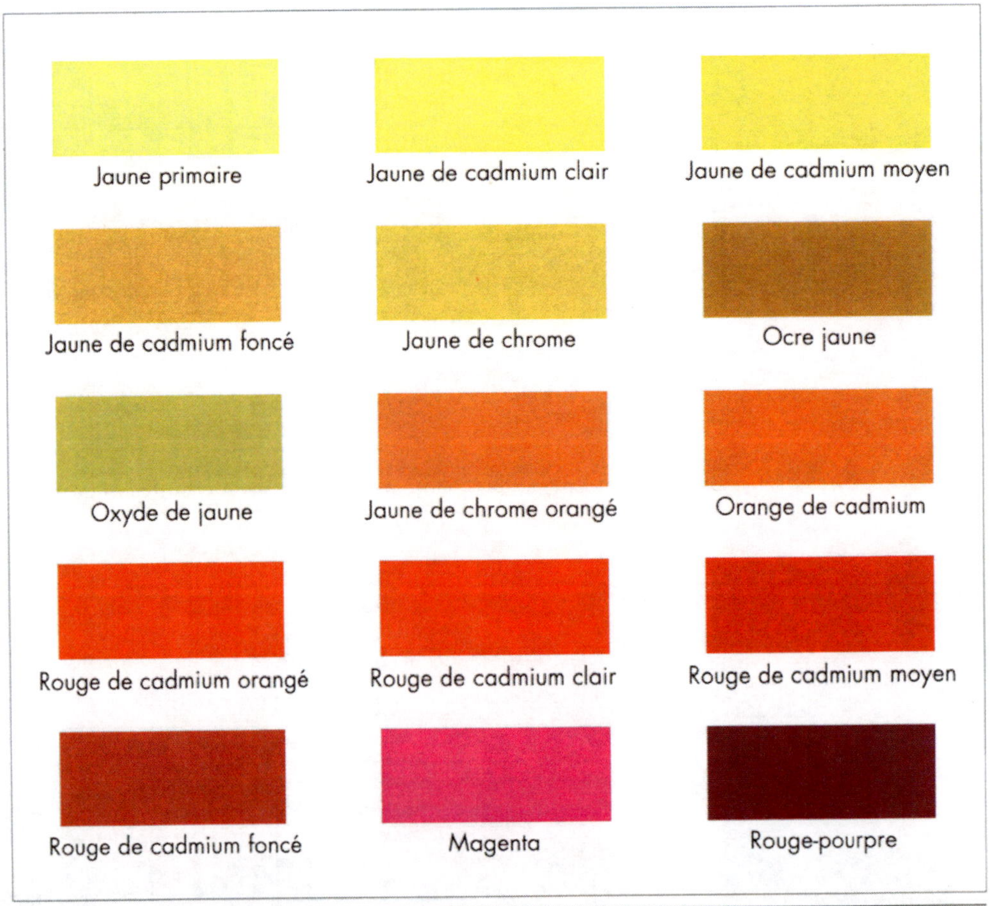

FIGURE 2.12 *Échantillons des couleurs les plus souvent utilisées.*

FIGURE 2.12 *Échantillons des couleurs les plus souvent utilisées (suite).*

LIANTS UTILISÉS

Les pigments sont liés par des substances liquides de divers types :

- la peinture à l'huile est une préparation à base d'huiles grasses, de résines ou de cires;
- l'acrylique est une émulsion par dispersion dans l'eau de pigments broyés dans un latex ou une résine thermoplastique;
- la tempera est une couleur délayée dans de l'eau additionnée d'un agglutinant (gomme arabique, colle, œuf);
- la gouache est une eau gommée additionnée d'ingrédients qui la rendent pâteuse;
- l'encre d'imprimerie est une préparation à base d'huile; sa composition chimique varie selon la nature du support à imprimer. Il faut savoir qu'une même couleur aura un aspect très différent selon qu'elle est appliquée sur un papier couché ou sur un papier glacé. Elle paraîtra en effet beaucoup plus lumineuse et saturée sur une surface glacée qui en modifie la réflexion, à tel point que l'on devra en changer la composition selon le cas.

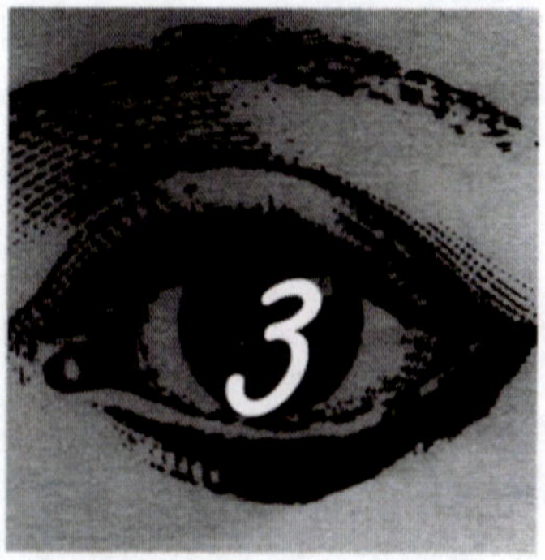

L'ŒIL ET LA COULEUR

Tout commence avec les yeux. Sans l'œil et sa merveilleuse complexité, la couleur, qu'elle soit d'une synthèse ou de l'autre, ne serait d'aucun intérêt. Toute l'information que l'œil reçoit est transmise au cerveau à une vitesse fulgurante, ce qui lui permet d'établir la sensation des couleurs qui produisent en nous, par réaction, toutes sortes d'émotions relatives à notre sensibilité et à notre culture. Nous nous attarderons ici à la perception physiologique des couleurs et au mélange optique, phénomène oculaire qui permet de comprendre ce qu'on appelle le mélange autotypique ou synthèse partitive.

3.1 PERCEPTION PHYSIOLOGIQUE DE LA COULEUR

Photorécepteur *Cellule réceptrice visuelle (cône ou bâtonnet) de la rétine.*

L'œil est l'organe de la vision. Il est composé de divers éléments, dont la rétine qui contient des millions de **photorécepteurs** nous permettant de percevoir la couleur émise par les ondes lumineuses visibles : les cônes et les bâtonnets.

RÔLE DES PHOTORÉCEPTEURS

Cônes *Cellules photosensibles de la rétine, responsables de la perception colorée lorsque l'éclairage est suffisant.*

Trichromatique *Se dit de la perception en trois couleurs. Ensemble de trois couleurs.*

Tous les photorécepteurs possèdent une structure générale identique; bien qu'ils soient tous sensibles à la lumière, ils ne jouent cependant pas le même rôle dans la vision. Ainsi, les **cônes** (6 millions), qui permettent la vision **trichromatique**, se divisent en trois types. Comme on peut le voir à la figure 3.1, ils absorbent des longueurs d'ondes différentes selon leurs pigments qui oscillent entre le bleu, le vert et le rouge :

- les cônes bleus absorbent surtout de la lumière bleue, peu de lumière verte et pas du tout de lumière rouge;
- les cônes verts sont surtout sensibles à la lumière verte mais absorbent aussi un peu de lumière bleue et de lumière rouge;
- les cônes rouges absorbent principalement la lumière rouge et la lumière verte, mais pratiquement aucune lumière bleue.

Bâtonnets *Photorécepteurs particuliers de la rétine, actifs uniquement sous un faible éclairage.*

Quant aux **bâtonnets** (120 millions), ils sont plus nombreux et plus sensibles que les cônes à la lumière à cause de la rhodopsine, colorant qui blanchit à la lumière du jour; ils sont cependant insensibles à la couleur. Lorsque l'œil s'adapte à la

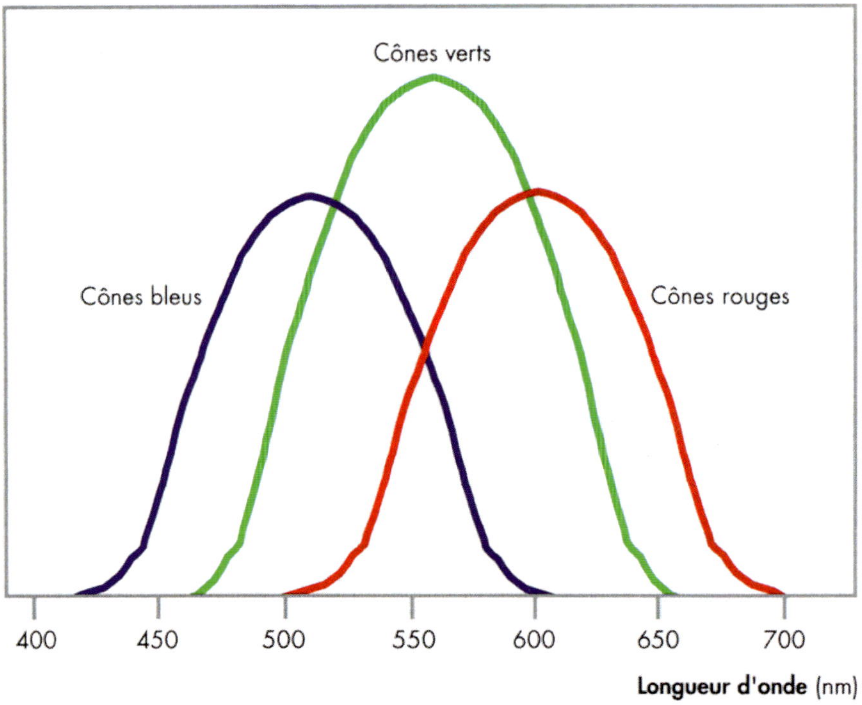

FIGURE 3.1 *Sensibilité spectrale des cônes rouges, verts et bleus selon la longueur d'onde des rayonnements.*

pénombre ou à l'obscurité, ce sont les bâtonnets qui permettent de percevoir les stimuli lumineux, même très faibles.

Toutes les données recueillies par les photorécepteurs sont transmises au cerveau par le million d'axones du nerf optique; c'est le cerveau qui interprète ces données sensorielles et en donne une représentation colorée et intelligible.

PERCEPTION DE LA COULEUR

Perception *Fonction par laquelle l'esprit se représente les objets; acte par lequel s'exerce cette fonction.*

À la lumière du jour, tout œil normal perçoit la couleur. Seule l'acuité visuelle varie selon les individus. D'aucuns, parce qu'ils sont doués ou parce qu'ils ont développé leur sens de la **perception**, arrivent à discerner de légères nuances de couleurs qui échappent aux autres; de là à pouvoir différencier les millions de couleurs dont il est fait mention dans certaines publicités de matériel informatique et électronique, il y a toutefois un monde. L'œil n'arrive même pas, ou alors très exceptionnellement, à percevoir une différence de 2 % à 3 % entre deux valeurs de la même teinte.

Nous avons vu au début de l'ouvrage que les couleurs naissent des ondes lumineuses émises par la lumière blanche (énergie électromagnétique) et que la longueur de ces ondes se mesure en nanomètres (nm). Dans le spectre, elles vont de 380 nm à 780 nm, ce qui correspond à la capacité de perception de l'œil humain.

Voyons comment cela fonctionne. Selon leur longueur d'onde, les particules de lumière ou photons seront absorbés en plus ou moins grand nombre par chaque type de cônes. Ainsi, lorsqu'on regarde un objet orangé, les cônes rouges absorbent plus de photons que les cônes verts et les cônes bleus. L'intensité du signal électrique est proportionnel au nombre de photons absorbés par chacun des cônes. En comparant ces diverses intensités, la rétine puis le cerveau établissent la sensation de couleur.

Dans un autre ordre d'idées, il arrive parfois que deux couleurs ou deux rayonnements soient perçus comme identiques alors qu'ils ont des répartitions spectrales différentes; cela est attribuable à l'éclairage. Ce phénomène porte le nom de **métamérisme**; il s'agit là d'un sujet d'observation intéressant mais qui n'a qu'une importance très relative en ce qui a trait aux applications pratiques de la couleur.

Métamérisme *Phénomène par lequel deux rayonnements ou deux couleurs entraînent, sous un éclairage donné, la même perception colorée, alors qu'ils ont des répartitions spectrales différentes.*

Daltonisme *Anomalie qui empêche la distinction de certaines couleurs.*

Protanope *Personne qui ne perçoit pas le rouge.*

Deutéranope *Personne qui ne perçoit pas le vert.*

Tritanope *Personne qui ne perçoit pas le bleu.*

Achromate *Personne qui ne perçoit aucune couleur.*

TROUBLES DE PERCEPTION

Certaines personnes ne voient pas les couleurs. Ainsi en est-il des gens atteints de **daltonisme**, ou dichromasie, affection la plupart du temps congénitale qui touche presque exclusivement les hommes (4 % d'entre eux). Le daltonisme empêche la distinction de certaines couleurs à cause de l'absence ou de l'anormalité de certains types de cônes. Les **protanopes** sont insensibles au rouge (absence de cônes rouges), les **deutéranopes** ne perçoivent pas les verts, alors que les **tritanopes** sont insensibles au bleu. Quant aux **achromates**, ils ne perçoivent aucune couleur à cause de l'absence de cônes dans leur rétine : ils voient tout en noir et blanc.

3.2 LE MÉLANGE OPTIQUE

Le mélange optique résulte de la fusion des deux synthèses : soustractive par les pigments utilisés et additive par la perception de l'œil. D'aucuns appellent ce phénomène *synthèse partitive* et d'autres, particulièrement en imprimerie, *mélange autotypique*. On pourrait aussi l'appeler, et cela serait peut-être plus juste, synthèse partielle, puisque ses composantes proviennent de deux autres synthèses. De toute façon, il se trouvera bien quelqu'un pour y accoler d'autres noms savants. L'important pour nous est d'abord d'en comprendre les principes.

PRINCIPES DU MÉLANGE OPTIQUE

Si l'on juxtapose des lignes ou des points, par exemple rouges et bleus, assez larges ou assez gros pour que l'œil puisse les distinguer facilement, il transmettra au cerveau qu'il voit des lignes ou des points rouges et bleus les uns à côté des autres.

Si l'on rapetisse ces lignes ou ces points jusqu'à ne plus les discerner correctement, l'œil, dans sa confusion, en fera un tout. Il mélangera les deux

... de toutes les couleurs !

Vous voulez comprendre le mélange optique vite et bien ? Faites comme Seurat, l'inventeur du pointillisme. Appliquez en alternance sur un fond blanc des taches jaunes et des taches bleues de grosseur moyenne. Une fois la surface recouverte, reculez lentement; soudainement, vous ne verrez plus que du vert, couleur qui correspond au mélange soustractif de ces mêmes deux couleurs. Recommencez avec du jaune et du rouge ou avec d'autres couleurs de votre choix.

Si vous en avez l'occasion, regardez à distance les tableaux du peintre québécois Claude Tousignant; les couleurs y sont appliquées en cercles concentriques ou par lignes juxtaposées qui produisent le même effet que les points. Rapprochez-vous lentement. Vous constaterez que les couleurs se modifient graduellement à chaque pas pour devenir tout autres. Une fête pour les yeux !

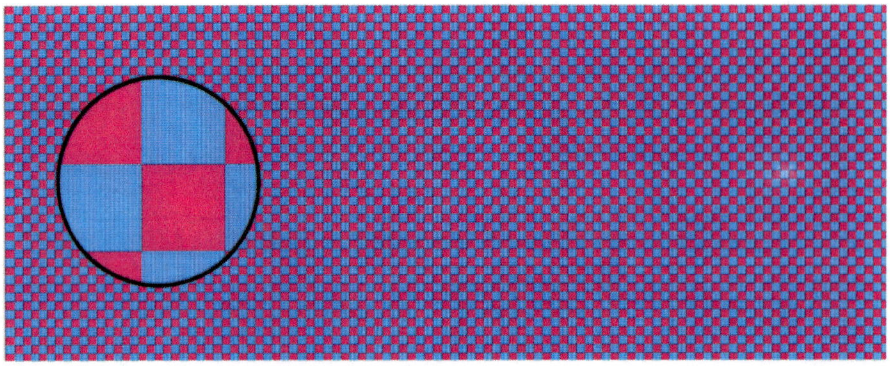

FIGURE 3.2 *Mélange optique additif par les points juxtaposés et mélange soustractif par les pigments utilisés.*

couleurs. Sa nouvelle perception sera : « Je vois du violet. » Ce phénomène est habituellement appelé *mélange optique*.

C'est la distance entre la surface colorée et le spectateur qui permet de percevoir la fusion optique des couleurs, celle-ci étant établie par la dimension des lignes et des points. Plus les points seront gros, plus il faudra reculer pour confondre l'œil. Deux ou trois couleurs de laines en torsade vont aussi former des mélanges optiques qui pourront ensuite venir ajouter aux teintes et aux contrastes. Cette technique est d'ailleurs bien connue de ceux qui s'adonnent à la tapisserie. Chevreul, qui en exploita les principes lorsqu'il était directeur à la manufacture de tapisseries des Gobelins en France, vit dans ce moyen une façon économique de composer et d'ajouter des variantes à des ensembles tissés[1]. Encore aujourd'hui, on voit quotidiennement ce tissu d'un gris chaud magnifique qui s'avère être composé de deux fils aux couleurs complémentaires. La couleur uniforme de la montagne que l'on aperçoit au loin est aussi le fruit du mélange optique. Cette couleur est composée de différents verts, de bruns et de gris; pourtant, nous n'en voyons qu'une. La figure 3.2 donne un bon exemple de ce phénomène. Reculez jusqu'à ne plus distinguer les points cyan et magenta. Vous n'y verrez que du violet.

3.3 LE MÉLANGE AUTOTYPIQUE DE L'IMPRIMERIE

Le mélange autotypique de l'imprimerie relève lui aussi de la synthèse partitive. En effet, il s'agit encore une fois de la fusion de la synthèse soustractive et de la synthèse additive. Qu'il s'agisse d'un chef-d'œuvre de grand maître, d'une carte postale ou d'une circulaire de chaîne alimentaire, la technique de reproduction utilisée est toujours la même : la photolithographie, que l'on appelle couramment *quadrichromie*.

À partir d'une image originale éclairée à la lumière blanche, on sélectionne à l'aide de filtres chacune des couleurs de base (CMJN).

Le filtre rouge = cyan
Le filtre vert = magenta
Le filtre bleu = jaune
Les trois filtres conjugués établiront le noir.

1. Nous reviendrons sur la théorie de Chevreul dans la partie 2, aux pages 31 et 32.

L'ordinateur définit par de fines trames les quantités de jaune, de magenta, de cyan et de noir qui composent l'image, modifiant ainsi leur absorption de la lumière. Ces trames sont constituées de petits points imperceptibles à l'œil nu. On les transpose ensuite sur les quatre plaques nécessaires à l'impression. En repérages parfaits, les quatre couleurs superposées correspondent à celles de l'original. Avec une très grande rapidité, on peut alors en tirer des millions d'exemplaires. Ce phénomène, dit *autotypique* ou *synthèse partitive*, fait appel aux deux synthèses : soustractive par les pigments des encres et additive par le mélange optique qui fond les couleurs juxtaposées entre elles.

... de toutes les couleurs !

Examinez cette illustration. Elle se veut explicative du principe de la reproduction en quatre couleurs dite ***autotypie*** en Europe et ***quadrichromie*** en Amérique. Ici, les points agrandis ne concordent pas tout à fait avec la réalité; si vous voulez voir ce qui se passe vraiment, prenez un compte-fils ou un autre type de loupe et regardez n'importe quelle image reproduite en quadrichromie. Vous y distinguerez des milliers de petits points cyan, magenta, jaunes et noirs, superposés ou juxtaposés et regroupés en alvéoles. Ces petits points composent par mélange additif et soustractif les couleurs que vous voyez; le mélange additif correspond au mélange optique et le mélange soustractif, aux pigments.

Encore mieux, si vous en avez l'occasion, rapprochez-vous de l'un de ces immenses panneaux-réclames qui bordent les routes; vous n'aurez alors plus besoin d'une loupe pour voir comment les différentes couleurs que vous percevez s'établissent par la transparence des couleurs superposées (couleurs-matière) et par le mélange optique des couleurs juxtaposées (couleurs-lumière). Vous aurez compris pour de bon en quoi consiste la synthèse partitive.

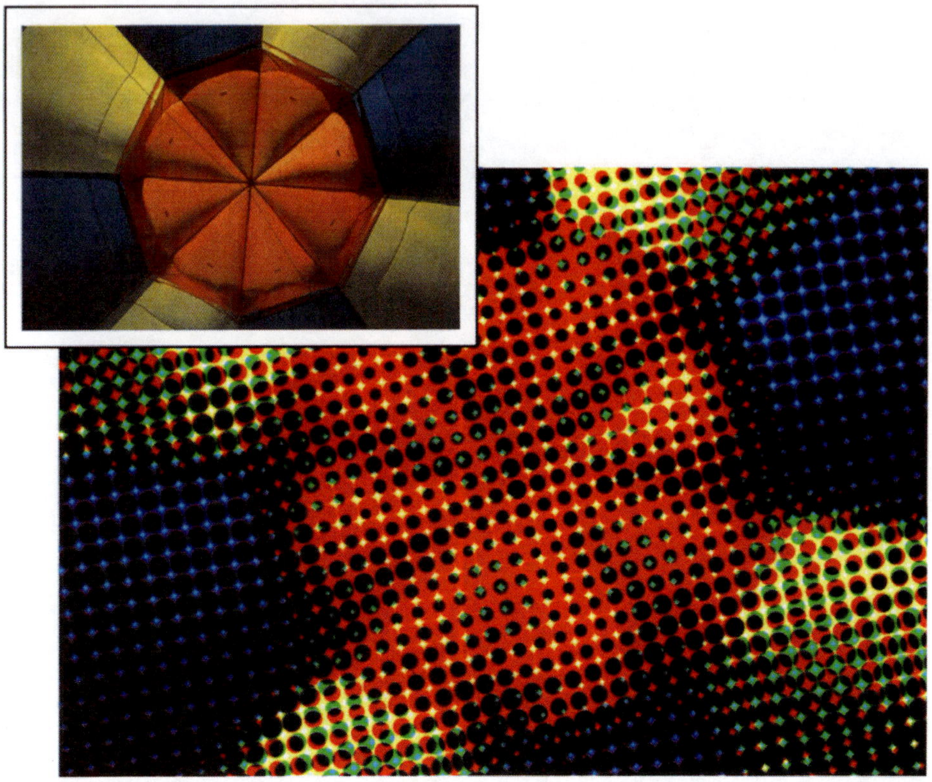

DEUXIÈME PARTIE

Effervescence amoureuse. Huile sur toile, 1998, 60 cm × 80 cm.

Dans le noir, toutes les couleurs s'accordent.

FRANCIS BACON

ENRICHISSEZ VOTRE PALETTE...

- En appliquant les principes des synthèses additive et soustractive et ceux des mélanges optiques.
- En apprenant à percevoir les couleurs et leurs nuances délicates.
- En produisant des mélanges de couleurs simples et complexes.
- En découvrant l'infinie variété des harmonies dans la production d'ensembles colorés.

Si les musiciens jouent de leurs instruments, pourquoi les coloristes ne joueraient-ils pas avec la couleur ?

Évidemment, les mélanges-lumière par projection des couleurs primaires de la synthèse additive requièrent un équipement que l'on retrouve surtout dans les laboratoires de physique et chez les éclairagistes spécialisés; ce matériel est rarement accessible au commun des mortels. Néanmoins, si vous y avez accès, essayez de reproduire les couleurs-lumière que nous avons vues en étudiant cette synthèse, ne serait-ce que pour vérifier la justesse des théories énoncées. Et l'ordinateur alors ? Question couleurs et palette, vous voilà choyés, « sans compter que ces couleurs sèchent très vite », disait un peintre en riant jaune. L'ordinateur offre probablement le plus grand choix de couleurs-lumière jamais mis à la portée des créateurs. Ces couleurs que l'on voit à l'écran proviennent de la synthèse additive et peuvent donc s'appliquer aux pages Web, aux jeux vidéo et à tout ce qui relève de l'électronique. Mais que se passe-t-il quand l'imprimante interprète ces couleurs avec des pigments ? Il faudra bien démêler tout cela.

Tout devient plus accessible pour la plupart des gens lorsqu'on aborde les applications pratiques de la couleur-matière qui procède de la synthèse soustractive; en clair, on va sortir les pinceaux et les tubes de peinture.

Avant d'y arriver, il faut d'abord apprendre à voir, à distinguer et à percevoir les phénomènes, les teintes, les tons et les nuances délicates qui en découlent. Nous verrons évidemment la loi des complémentaires qui régit en grande partie la complexité de certains mélanges et autres associations de couleurs. Puis nous aborderons l'ordonnance chromatique, laquelle n'a qu'une fonction : remettre chaque couleur à sa place; nous constaterons cependant que cela n'est pas si simple. Pas question non plus d'échapper au mélange optique et encore moins aux principes de l'interaction, éléments que doivent connaître tous les coloristes dignes de ce nom.

Un nuage gris vient briser notre plaisir. Que fait-il là au beau milieu de nos couleurs ? Voilà qui nous conduit à la relation entre les gris et leurs valeurs par rapport à la luminosité des couleurs. Un peu de temps maussade ne nous fera pas grand mal et sera peut-être utile… qui sait ?

« Est-ce la bonne couleur ? » On le sait, le choix des couleurs et des harmonies n'est pas une mince affaire; la plupart des gens qui s'inscrivent à des cours de peinture cherchent réponse à cette angoissante question. Mis à part la compréhension des théories de base, la roue des couleurs est un outil pratique qui peut nous aider à trouver des solutions. Mais bien qu'elle permette de distinguer certaines palettes, elle ne nous apporte pas pour autant la vérité absolue. Faut-il rappeler qu'un outil n'est jamais meilleur que la personne qui l'utilise ?

La couleur est là, ne la faisons plus attendre !

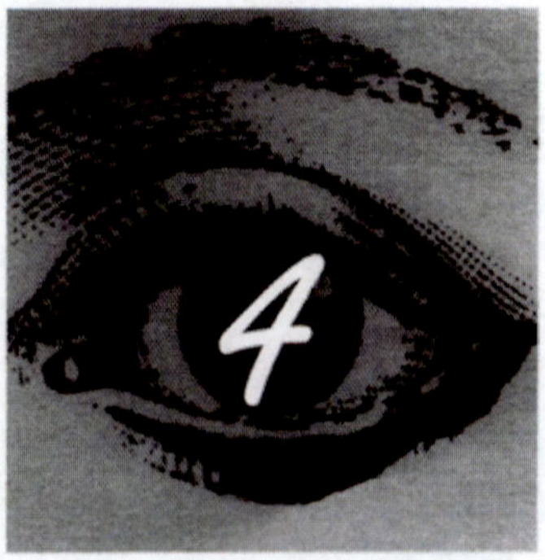

LES COULEURS COMPLÉMENTAIRES (synthèse soustractive / couleur-matière)

La loi des couleurs complémentaires a d'abord été établie à partir des trois couleurs primaires; par exemple, le mélange du rouge et du jaune donne l'orangé, qui devient la complémentaire de la troisième primaire, c'est-à-dire du bleu. Nous savons que toutes les couleurs se faisant face dans le cercle chromatique sont complémentaires. Nous savons aussi que toute couleur existante, qu'elle soit lumineuse ou terne, a sa complémentaire dans l'ordonnance des couleurs. Quiconque veut mélanger ou rompre des couleurs, créer des effets d'ombre et de lumière, doit en connaître les principes et les possibilités. C'est à partir de sa complémentaire que l'on peut saturer une couleur et produire un gris coloré ou neutre dans lequel aucune des deux couleurs mélangées ne domine. Par mélange optique, des points rouges juxtaposés à des points verts, des points bleus à des points orangés, des points jaunes à des points violets établissent, avec le recul, des gris somptueux.

Avant de voir plus en détail la loi des complémentaires, ses implications et son utilité, faisons un petit survol historique de son développement.

4.1 UNE LOI QUI NE DATE PAS D'HIER

Un des maîtres de l'utilisation des complémentaires a été Georges Seurat (1859-1891) qui nous a légué un des plus grands chefs-d'œuvre au monde, *Un après-midi à la Grande-Jatte*, qu'il a peint en 1885 à partir des théories du vieux Chevreul (1786-1889) — comme l'appelle Jean Riverain dans son *Dictionnaire des peintres célèbres* — sur la physique des couleurs dont il avait lu l'ouvrage *La loi du contraste simultané*. En vertu de cette loi, Chevreul affirmait avoir découvert deux couleurs complémentaires qui s'exaltaient mutuellement lorsqu'elles étaient opposées l'une à

Michel Eugène Chevreul **(1786-1889)**

Chimiste français, directeur de la manufacture de tapisseries des Gobelins. Il a publié en 1839 *La loi du contraste simultané*, dont certaines théories restent valables. L'ouvrage a eu une influence marquée sur plusieurs peintres de l'époque : Seurat, Cézanne et Delaunay, comme beaucoup d'autres artistes par la suite, ont adhéré à cette théorie du contraste simultané.

l'autre. Il parlait en l'occurrence du rouge et du vert, et il nommait aussi complémentaires binaires le vert et le violet qui sont toutes deux complémentaires mais pas l'une de l'autre. (À l'époque, on parlait de complémentaires binaires pour désigner le contraste de deux couleurs; ce terme est aujourd'hui désuet.) Maurice Serullaz, auteur remarquable, spécialiste de l'impressionnisme, résume clairement la théorie de Chevreul :

> *La couleur complémentaire de chacune des deux couleurs juxtaposées agit, en effet, sur l'autre couleur. Dans le cas de deux complémentaires, du vert et du rouge par exemple, la complémentaire du vert (le rouge) agit sur le vert et accroît son intensité et la complémentaire du rouge (le vert) agit de la même façon sur le rouge. Dans le cas de deux complémentaires binaires, du violet et du vert par exemple, la complémentaire du vert (le rouge) agit sur le violet, qui devient plus rouge, et la complémentaire du violet (le jaune) agit sur le vert, qui devient plus jaune. Le violet et le vert, qui contiennent tous deux du bleu, deviennent moins bleus : deux teintes qui contiennent la même couleur pure voient, en effet, celle-ci s'atténuer lorsqu'on les juxtapose.*

Il faut savoir que Chevreul n'a pas découvert les réactions colorées des complémentaires, celles-ci étant connues des peintres depuis très longtemps. Il a cependant eu le mérite de les formuler scientifiquement.

4.2 LA LOI DES COULEURS COMPLÉMENTAIRES

Couleur complémentaire
La complémentaire d'une couleur est une autre couleur qui, mélangée avec la première, donne un résultat achromatique (gris). Juxtaposées ou opposées, elles s'exaltent mutuellement.

La couleur située en face d'une couleur primaire dans le cercle chromatique est sa complémentaire. Cette **couleur complémentaire** est une couleur secondaire, c'est-à-dire un mélange des deux autres couleurs primaires :

jaune + rouge = orangé, complémentaire du bleu
jaune + bleu = vert, complémentaire du rouge
rouge + bleu = violet, complémentaire du jaune

Une couleur primaire et sa couleur complémentaire, lorsqu'elles sont juxtaposées ou superposées dans de justes proportions, s'exaltent mutuellement. Comme on peut le voir à la figure 4.1, un petit carré vert appliqué sur un carré rouge plus grand s'allume littéralement en provoquant une vive excitation optique. Le vert semble bouger et flotter au-dessus de la surface rouge.

FIGURE 4.1 *Juxtaposition de deux couleurs complémentaires.*

4.3 POURQUOI DES COULEURS SONT-ELLES COMPLÉMENTAIRES ?

Qui donc a décidé que ces couleurs étaient complémentaires ? Les yeux. Voyons comment.

Un enfant applique une tache rouge sur une feuille toute blanche; dites-vous bien qu'il ne va pas tarder à mettre du vert, ses yeux le lui commandent. Une couleur résiduelle bleu-vert vient de lui coller à la rétine; il va vite s'en débarrasser en ajoutant du vert au rouge. Le même phénomène se produit lorsqu'on regarde le rouge fascinant d'un soleil couchant assez longtemps pour imprégner ses yeux de sa complémentaire. Dès qu'il disparaît, on voit apparaître spontanément une tache verte à sa place. Voilà comment s'explique le troublant mystère du soleil vert.

Couleur résiduelle *Couleur fabriquée par l'œil pour compenser et équilibrer sa perception.*

Dès que l'on fixe son regard sur une couleur isolée, l'œil produit en effet une **couleur résiduelle** qui correspond à sa complémentaire (ce qu'il ne faut pas confondre avec le contraste simultané, qui est tout autre). Il en va de même pour le noir, surtout en forme négative, qui nous donne le blanc en résiduel si l'on s'y attarde assez longtemps (par exemple, un dessin ou des caractères en blanc sur fond noir). Les graphistes et designers avertis évitent de produire, par exemple, une affiche ou une pancarte dont le fond ne serait qu'en rouge. Ils le font d'abord par instinct, étant eux-mêmes agressés, ou à cause de leur sens esthétique. Lorsqu'une affiche laisse des couleurs résiduelles, elle témoigne généralement de l'amateurisme ou d'une erreur involontaire de son auteur.

Toute harmonie qui regroupe les trois couleurs primaires ne produira pas cet effet. C'est le cas chaque fois que l'on associe une primaire à sa complémentaire, laquelle contient obligatoirement les deux autres.

Certains nomment encore ce phénomène *contraste successif*, terme utilisé par Chevreul pour l'expliquer et qui est aujourd'hui désuet. Pour qu'il y ait contraste, au moins deux couleurs doivent s'opposer en même temps, ce qui n'est pas le cas ici.

... de toutes les couleurs !

Placez un petit échantillon de couleur bleue sur une surface verte; regardez-le quelques secondes et posez ensuite votre regard sur une surface blanche bien éclairée. Que se passe-t-il ? Vous voyez apparaître une teinte orangée et une autre rouge. Pourquoi ? Les deux couleurs que vous avez regardées ne comportaient pas leur complémentaire; votre œil les a donc composées.

Répétez l'opération avec un échantillon jaune sur fond violet. Résultat ? Aucune nouvelle couleur n'apparaît, vous ne voyez que du jaune et du violet. Pourquoi ? Les deux couleurs que vous avez fixées assez longtemps sont complémentaires; dans un tel cas, l'œil n'a pas besoin de compenser par une couleur résiduelle. Remarquez cependant que les deux couleurs se sont inversées : le jaune est maintenant violet et le violet, jaune. La meilleure façon de comprendre ce phénomène est de s'en reporter à l'expérience qui suit. Cette expérience est encore plus spectaculaire lorsqu'on projette une diapositive de ces couleurs sur un écran et qu'après trente secondes, par un espace laissé libre au chargeur, on inonde l'écran de lumière. (On peut faire la même expérience à l'ordinateur.)

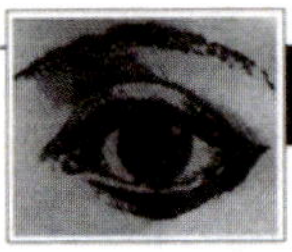

... de toutes les couleurs !

Regardez le centre de l'une ou de l'autre des couleurs primaires (jaune, magenta, cyan) ci-dessous pendant trente secondes. Portez ensuite votre regard sur la petite marque au centre de l'espace blanc. Vous constaterez que votre œil fabrique toujours une couleur résiduelle qui en est la complémentaire.

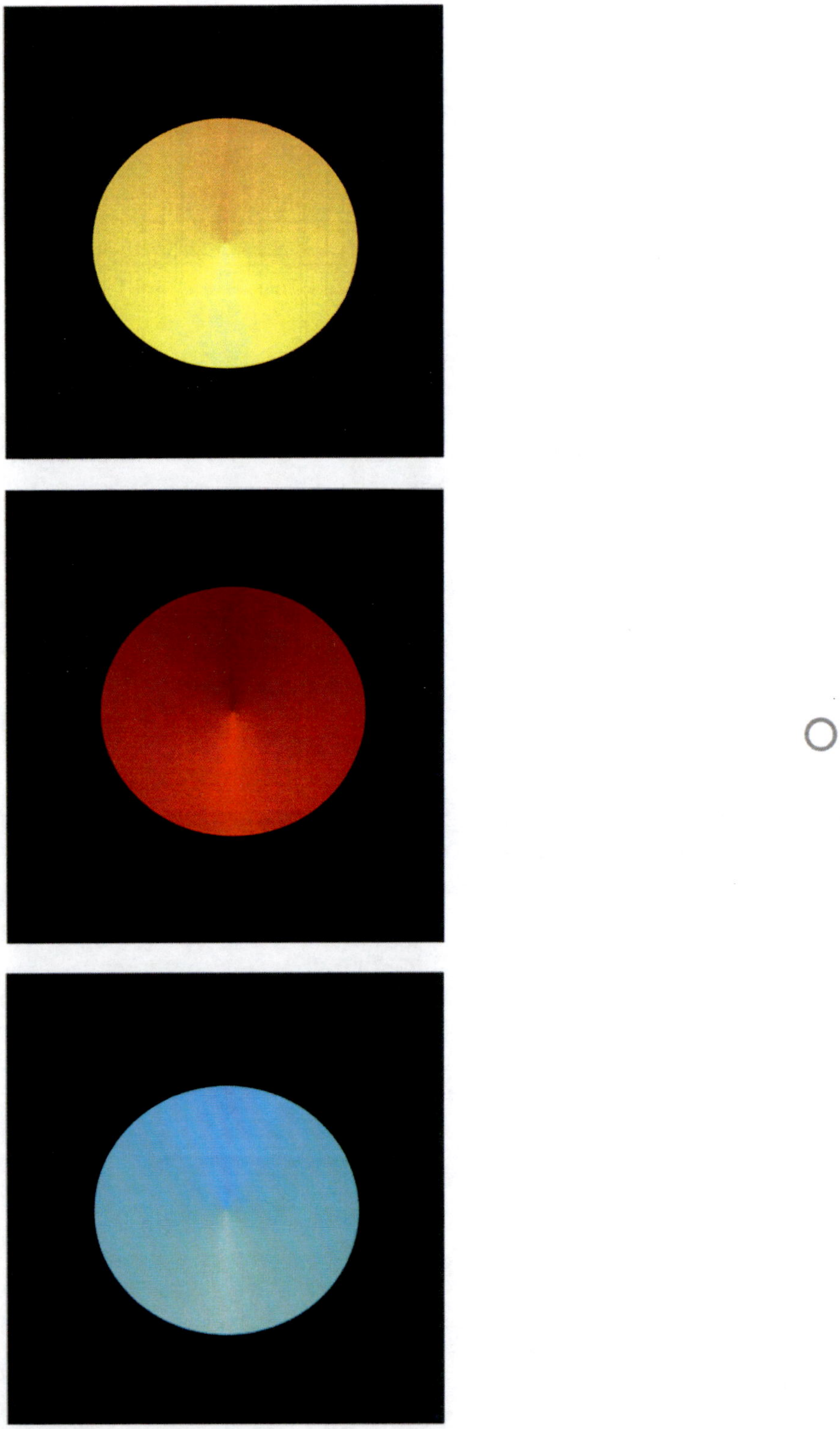

Les douze plus belles. Acrylique sur toile, 1995, 40 cm × 50 cm.

FIGURE 4.2 *Dans ce cercle chromatique, peint à la main à l'acrylique, les couleurs primaires et les couleurs complémentaires ont été interprétées sous forme de chiffons reliés par des cordes. Les ombres et les effets de relief ont été obtenus en mélangeant du vert au rouge, du rouge au vert, de l'orangé au bleu, du bleu à l'orangé, du violet au jaune et du jaune au violet. Aucun blanc n'a été utilisé.*

4.4 À QUOI SERVENT LES COULEURS COMPLÉMENTAIRES ?

Coloriste *Spécialiste de la couleur.*

Mis à part les effets optiques, ce sont les couleurs complémentaires qui nous permettent de créer des effets d'ombres sans salir les couleurs (*figure 4.2*). En règle générale, le noir et les bruns ne sont pas utilisés à cette fin, et pour cause. Quoi de plus pénible que ces couleurs qui ont été foncées avec du noir ? Quelle horreur que ce tableau dont le bleu du ciel a été terni de noir insupportable ! Que dire de ce dessin animé ou de cette publicité télévisée dont les couleurs ont été souillées de noir et qui agressent les **coloristes** tout comme les fausses notes agressent l'oreille des musiciens accomplis. Tout cela est d'autant plus inacceptable que la loi des complémentaires est l'une des plus simples à retenir dans l'apprentissage de la couleur; l'information disponible à ce sujet est abondante.

4.5 RÔLE DES COMPLÉMENTAIRES DANS LE MÉLANGE DES COULEURS

Le rôle des complémentaires dans le mélange des couleurs est de première importance. En mélangeant des couleurs primaires à leur complémentaire, on obtient une large gamme de couleurs rompues (dont la vivacité est atténuée) et, à l'aide du blanc, on peut les transformer en une suite de somptueux gris colorés. Cette palette est particulièrement utile pour rendre des effets d'atmosphère ou pour composer des harmonies riches et nouvelles.

Les mêmes règles de complémentarité s'appliquent aux tons rompus ainsi créés : le gris-jaune est associé au gris violacé, le gris-bleu au gris-orangé et ainsi de suite.

On dit de cette fusion d'une couleur primaire et de sa complémentaire qu'elle est un *contraste de couleurs complémentaires*. Il s'agit aussi de la façon incontournable de produire l'ombre et la lumière dans un sujet donné. La figure 4.3 en illustre quelques possibilités. Prenons par exemple une nature morte qui serait composée d'un citron, d'une pomme et d'une orange. L'ombre du citron serait produite par le violet mélangé au jaune, celle de la pomme par le vert mélangé au rouge, et c'est le bleu qui donnerait un effet tridimensionnel à l'orange. En ajoutant du blanc à deux couleurs complémentaires mélangées entre elles selon différentes proportions, on obtient une riche gamme de gris colorés qui s'intègrent parfaitement aux couleurs pures utilisées (*figure 4.4*).

FIGURE 4.3 *Fusion des couleurs primaires et de leur complémentaire. On dit aussi de cette fusion qu'elle est un contraste de couleurs complémentaires.*

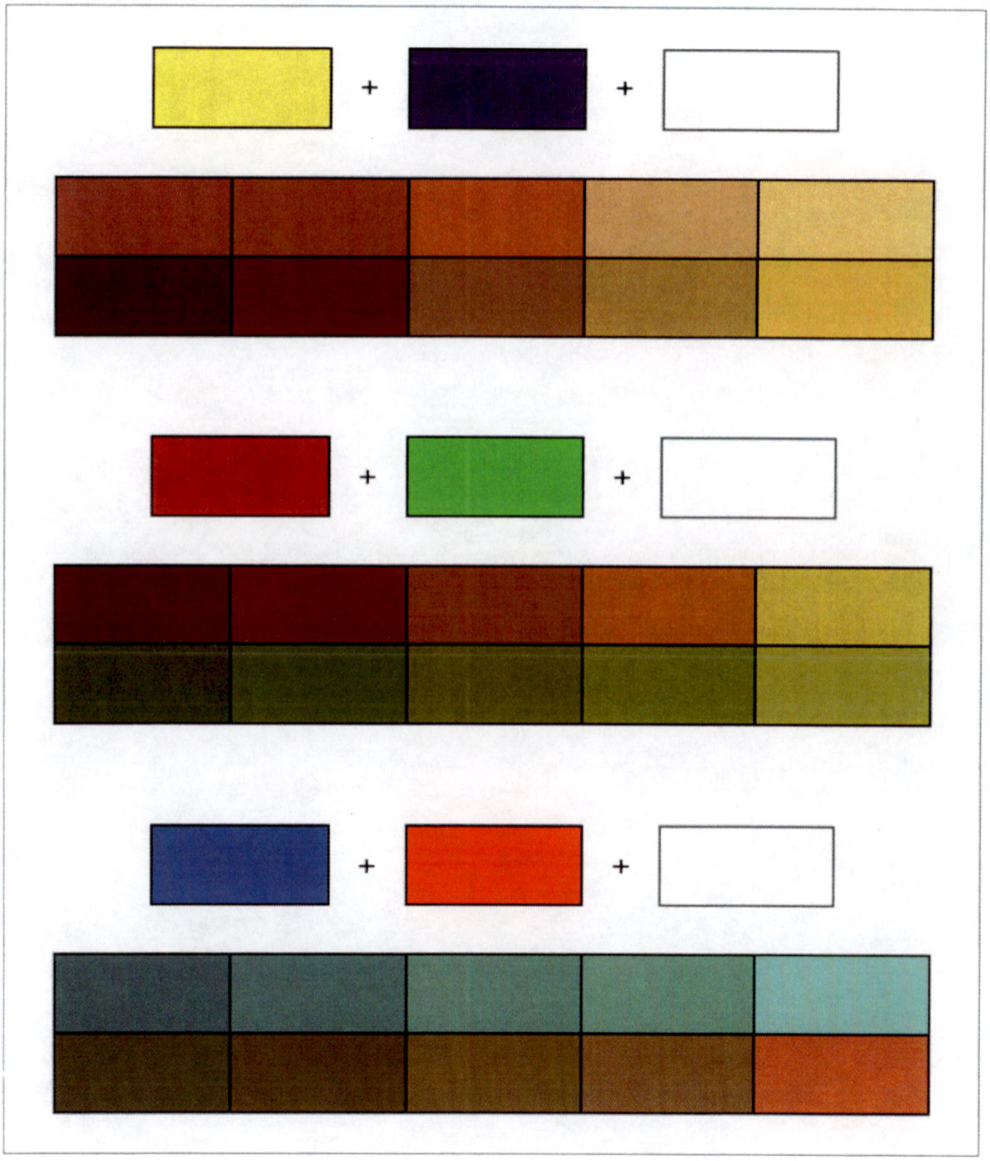

FIGURE 4.4 *L'ajout de blanc à deux couleurs complémentaires mélangées entre elles selon diverses proportions produit une riche gamme de gris colorés qui s'intègrent parfaitement aux couleurs pures utilisées.*

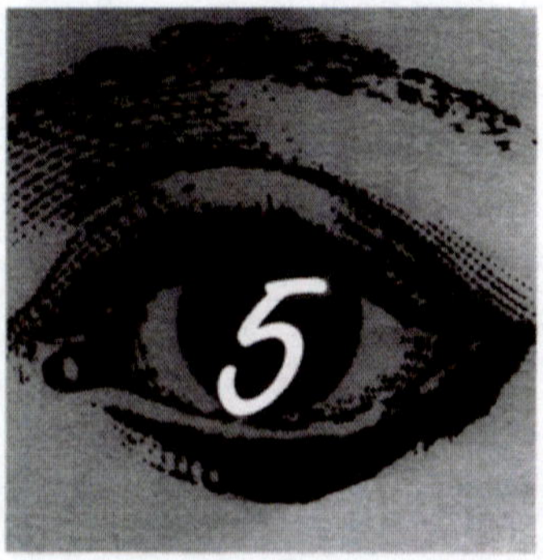

L'ORDRE CHROMATIQUE

Parler de l'ordre chromatique, c'est parler de l'ordonnance des couleurs, de leur classification. Pour ce faire, il faut d'abord connaître les dimensions propres à chaque couleur, c'est-à-dire leur teinte, leur luminosité et leur saturation. Qu'il s'agisse des couleurs du cercle chromatique ou de leurs mélanges, qu'elles soient pâles ou foncées, toutes les couleurs occupent une position précise dans l'ordre chromatique en fonction de ces trois dimensions.

Comme en rend compte l'historique, de nombreux physiciens, chimistes et artistes ont effectué des recherches dans le but de proposer une classification des couleurs. Nous verrons plus particulièrement le modèle du chimiste Chevreul, qui a longtemps constitué un classique, et l'arbre du peintre Munsell, qui est toujours apprécié et largement utilisé car, contrairement à beaucoup d'autres modèles, il est particulièrement simple et facile à comprendre. Nous verrons finalement le Colorcube, logiciel récemment mis au point par une équipe canadienne à l'usage des programmeurs en infographie, à partir duquel on a produit un modèle tridimensionnel de classification des couleurs sous forme de puzzle.

5.1 HISTORIQUE DE LA CLASSIFICATION DES COULEURS ET SES PRINCIPES

Vous entrez chez un marchand de peinture. L'étalage des échantillons de couleurs est généralement splendide; les couleurs et leurs nuances s'enchaînent sans heurt et de belles lumières se dégagent de l'ensemble : ce que vous voyez est précisément le fruit de l'ordonnance des couleurs. Cette idée de mettre de l'ordre dans les couleurs ne date pas d'hier. Della Porta (1593), Mayer (1745), Lambert (1772), Runge (1810), Chevreul (1861), Charpentier (1885), Höfler (1905), Ostwald (1915), Munsell (1915), Hickethier (1940) et beaucoup d'autres ont contribué à l'élaboration de l'ordonnance des couleurs selon les modèles que nous connaissons maintenant. Après ces nombreux siècles de réalisations, les chercheurs contemporains, grâce aux progrès de la physique et de l'informatique, arrivent aujourd'hui à des modèles que l'on peut décomposer à volonté pour cerner tous les aspects de l'ordre chromatique à partir de la couleur, de sa luminance, de sa saturation[1] et de sa valeur. Ainsi en est-il du logiciel Colorcube récemment mis au point par de jeunes scientifiques canadiens de la Colombie-Britannique sous la direction de Ken Davies. Ce logiciel efficace permet aux programmeurs d'intégrer ce principe

1. Plutôt que de saturation, on parle chez certains théoriciens d'élévation d'intensité (vers le blanc) et de diminution d'intensité (vers le noir).

de l'ordonnance des couleurs à l'ordinateur, pour le plus grand bonheur des infographistes.

Les quatre modèles présentés à la figure 5.1 ont été mis au point de 1671 à 1998, ce qui montre bien que la route a été longue. Des dizaines de systèmes semblables au modèle de Kircher et au triangle de Lambert ont été créés au cours de toutes ces années; seuls quelques-uns sont toujours utilisés. Des quatre présentés à la figure 5.1, nous retenons le modèle de Hickethier, conçu pour l'imprimerie à partir du jaune, du magenta et du cyan, et le Colorcube qui tire son origine d'un espace colorimétrique conçu pour l'ordinateur à partir des couleurs primaires de la synthèse additive, le rouge, le vert et le bleu (*voir la page 43*).

La classification des couleurs dont découlent tous les modèles proposés s'établit de quatre façons différentes :

- selon l'approche visuelle (Kircher, Chevreul, Munsell et Ostwald);
- selon l'approche physique (RVB, CIE);
- selon l'approche physique corrigée ou psychométrie (CIE xyY, L*a*b);
- selon l'approche informatique numérisée (Colorcube).

Les systèmes les plus souvent utilisés sont l'Espace ou Atlas de Munsell (aussi appelé l'arbre de Munsell), le modèle TSL, semblable à celui de Munsell, les diagrammes de chromaticité de CIE xyY, XYZ et L*a*b. Les programmeurs font de plus en plus référence au Colorcube. Quant au cube des couleurs de l'Allemand

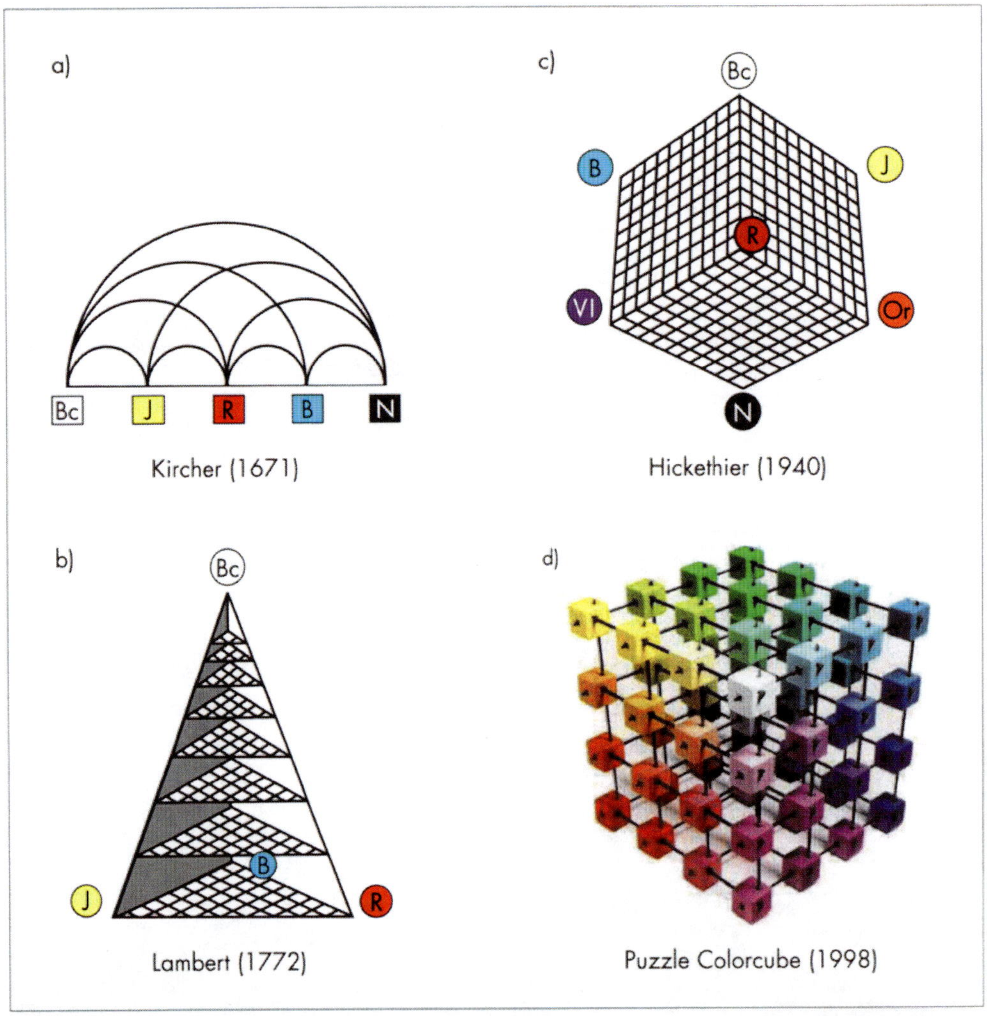

FIGURE 5.1 *En a), modèle en deux dimensions de Kircher; à partir de la ligne droite au bas du demi-cercle, des points blanc, jaune, rouge, bleu et noir sont reliés par des demi-sphères, créant ainsi une suite de couleurs. En b), le triangle de Lambert, modèle en trois dimensions; le noir est au centre du triangle et le blanc, en haut; les couleurs utilisées par Lambert (le jaune, le rouge carmin et le bleu de Prusse) s'étalent de foncées à pâles vers le sommet de la structure. En c), modèle de Hickethier, conçu pour l'imprimerie à partir du jaune, du magenta et du cyan. En d), le Colorcube, modèle de construction en trois dimensions qui tire son origine d'un espace colorimétrique conçu pour l'ordinateur à partir des couleurs primaires de la synthèse additive (rouge, vert et bleu).*

Hickethier (1940), il a d'abord été conçu à l'usage des imprimeurs. Les couleurs qui le composent correspondent aux pourcentages des couleurs de la quadrichromie, comme c'est le cas pour le puzzle Colorcube.

5.2 LE MODÈLE DE CHEVREUL

Françoise Viénot, auteure et physicienne rattachée au Muséum national d'histoire naturelle de Paris, déclarait lors de son intervention à la conférence *Color in Its Surround* :

> *Nous avons exploré le système de classification des couleurs de Chevreul et nous l'avons comparé aux standards qui prévalent actuellement. Bien que le modèle de Chevreul soit aujourd'hui désuet comparé aux standards modernes, une partie de la procédure qu'il a utilisée pour établir son système de classification des couleurs reste valable*[2].

Chevreul a basé son système sur un cercle chromatique en soixante-douze parties qui définit les nuances selon leurs variantes vers le blanc ou le noir. À côté des trois couleurs primaires, il a placé les trois couleurs secondaires et six mélanges de couleurs secondaires. Il a divisé les secteurs obtenus en cinq zones. Chacun des rayons comprend vingt échelons, ce qui établit une échelle de luminosité.

S'appuyant sur ce cercle, Chevreul a conçu un modèle en trois dimensions ayant la forme d'un hémisphère en éventail. Les couleurs pures sont positionnées dans les rayons de la surface de la base. Elles se modifient vers le blanc au centre et vers le noir en direction du pôle supérieur. Le noir est placé sur la surface extérieure de l'hémisphère, alors que les couleurs pures et les couleurs foncées sont placées à l'intérieur. Peut-être tout cela vous semble-t-il très complexe. En fait, ce que l'on doit retenir c'est que Chevreul, par ses recherches, rêvait d'établir « la loi de l'harmonie des couleurs » qu'il voulait donner aux artistes. Cette loi se serait fondée sur des rapports entre des nombres selon les nombreuses nuances et leurs possibles harmonies. Malheureusement, cette loi ne pourra jamais exister; elle est utopique.

5.3 LE MODÈLE DE MUNSELL

> *Le modèle sphérique d'Ostwald, souvent reconnu et rarement compris, est en fait un rajeunissement du double cône d'Ogden Rood. Il n'a rien de comparable au modèle de Munsell qui plaît tant aux artistes.* (Williams Charles Libby)

Albert Munsell a établi visuellement, à partir de la synthèse soustractive, que les couleurs doivent être classées selon les trois dimensions suivantes :

1. La **teinte** ou **couleur** proprement dite (*Hue*), qui est sans doute l'aspect le plus critique et le plus difficile à déterminer.
2. La **luminosité** (*Value*), qui correspond à la perception visuelle de la luminance comprise entre 0 et 100. (Une luminance de 20 % est perçue par l'œil comme un gris de 50 %.)
3. La **saturation** (*Chroma*), qui est le degré de départ d'une couleur pure et de sa luminosité jusqu'à sa transformation en ton gris neutre par saturation. (En principe, la gradation par saturation ne devrait pas affecter la luminosité intrinsèque de la couleur de départ.)

---

2. La conférence *Color in Its Surround*, organisée par The Inter-Society Color Council, s'est tenue au Savannah College of Art and Design à Savannah en Géorgie (É.-U.) en février 2000.

Albert Henry Munsell (1858-1918)

Peintre et professeur d'art américain, né à Boston. Il a publié un premier ouvrage en 1905, *A Color Notation*, et, en 1915, *Atlas of the Munsell Color System*, qui est la base de son système chromatique.

Munsell a d'abord réalisé un cercle chromatique en cent parties diffuses. La couleur y est identifiée selon sa position dans ce cercle, d'où l'échelle de 0 à 100. Cette échelle en deux dimensions peut cependant être réduite de 0 à 10. Le rouge pur équivaut à 10R. Le 0 n'est pas utilisé.

Quant à l'arbre de Munsell, il est basé sur la construction tridimensionnelle d'une sphère. À travers l'axe nord-sud de cette sphère se situe le tronc de l'arbre. Au sud se trouve le noir et au nord le blanc avec un gris d'une valeur 5 à l'équateur. C'est cet axe qui détermine la position des couleurs selon leur luminosité. Les couleurs pures ou *teintes* sont placées à l'équateur, sur la circonférence de la sphère. À mesure qu'elles évoluent vers le blanc ou le noir, ces couleurs sont placées selon leur latitude autour de l'arbre. Simultanément, à partir de l'instant où elles se saturent vers le gris, elles vont en direction du tronc. Inversement, lorsqu'elles se transforment en couleurs plus pigmentées, elles sont placées dans les rayons selon leur degré de saturation. Bref, le tronc de l'arbre correspond à la luminosité des couleurs; les feuilles qui courent le long des branches correspondent à la saturation des couleurs, c'est-à-dire à leur intensité, et le bout des branches représente la teinte ou la couleur. La figure 5.2 présente les trois axes de l'arbre de Munsell.

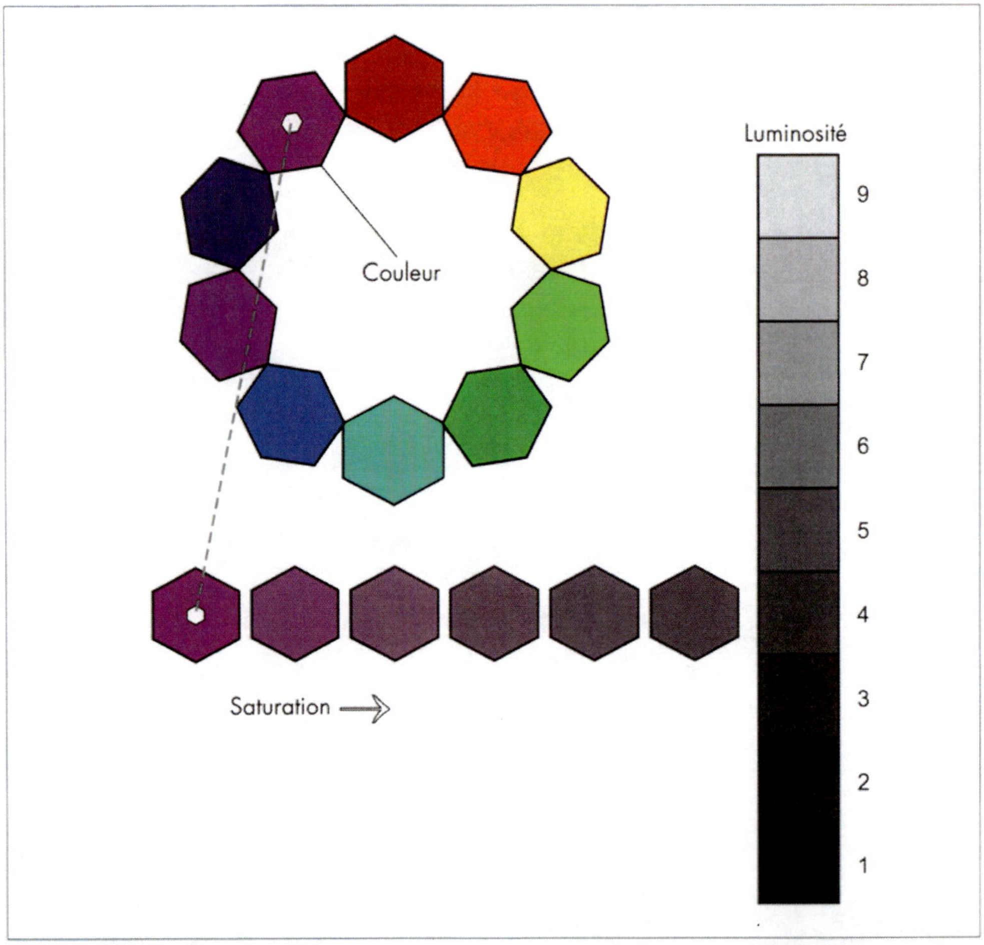

FIGURE 5.2 *Les trois axes de l'arbre de Munsell : couleur – luminosité – saturation (adaptation simplifiée de Hall, 1979).*

L'ordre chromatique et les tubes de couleurs

On peut lire sur les tubes de couleurs la mention « *Hue, Value, Chroma* », qui donne en français *teinte, luminosité, saturation.* Cette mention situe le plus souvent la couleur indiquée dans l'ordre chromatique de Munsell. On lira donc dans le cas d'un pourpre brillant : *Hue* : 1.8P, *Value* : 5.0, *Chroma* : 11.

Rappelons-nous que les lettres utilisées correspondent parfois aux noms anglais des couleurs. Ainsi, vert-jaune se traduira par GY 35.

5.4 MODÈLE DE CONSTRUCTION D'UN ESPACE CHROMATIQUE : LE PUZZLE COLORCUBE

Ken Davies, l'inventeur du système Colorcube, a fait appel à Winston Wong pour réaliser ce modèle en trois dimensions sous forme de puzzle (1998). Il s'agit là d'une idée particulièrement brillante qui permet de comprendre l'ordonnance des couleurs de façon efficace à partir de seulement soixante-quatre couleurs (*figure 5.3*). Comme chez Hickethier, les couleurs du Colorcube découlent du jaune, du magenta et du cyan. La figure 5.4 nous fait voir les différents pourcentages utilisés. En assemblant chacune des pièces qui le composent, on découvre les trois éléments fondamentaux qui sous-tendent ce principe : couleur, luminosité et saturation. Quel bonheur, une fois le cube assemblé, de constater que, quel que soit l'angle sous lequel on le regarde, les couleurs s'enchaînent en des harmonies splendides et parfaitement justes. Qui plus est, en modifiant l'éclairage environnant, on obtient une infinie variété de teintes et de nuances, et certaines couleurs, pourtant différentes, semblent identiques à cause de l'effet appelé *métamérisme* (*revoir la page 25*). Cet ensemble, dont les couleurs appartiennent à la synthèse soustractive, éclairé par les sources lumineuses propres à la synthèse additive (rouge, bleu, vert) nous entraîne donc d'emblée dans une suite d'expériences de perception enrichissantes.

LE LOGICIEL COLORCUBE

Le logiciel Colorcube est basé sur les couleurs primaires de la synthèse additive (RVB) et sur celles de la synthèse soustractive (CMJ), et conçu en numérisation

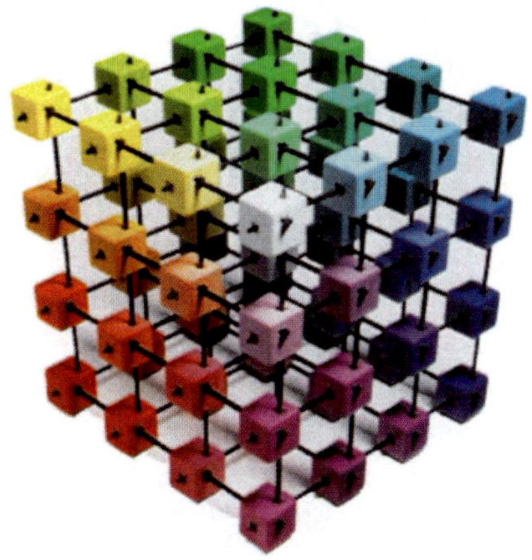

FIGURE 5.3 *Le puzzle Colorcube.*

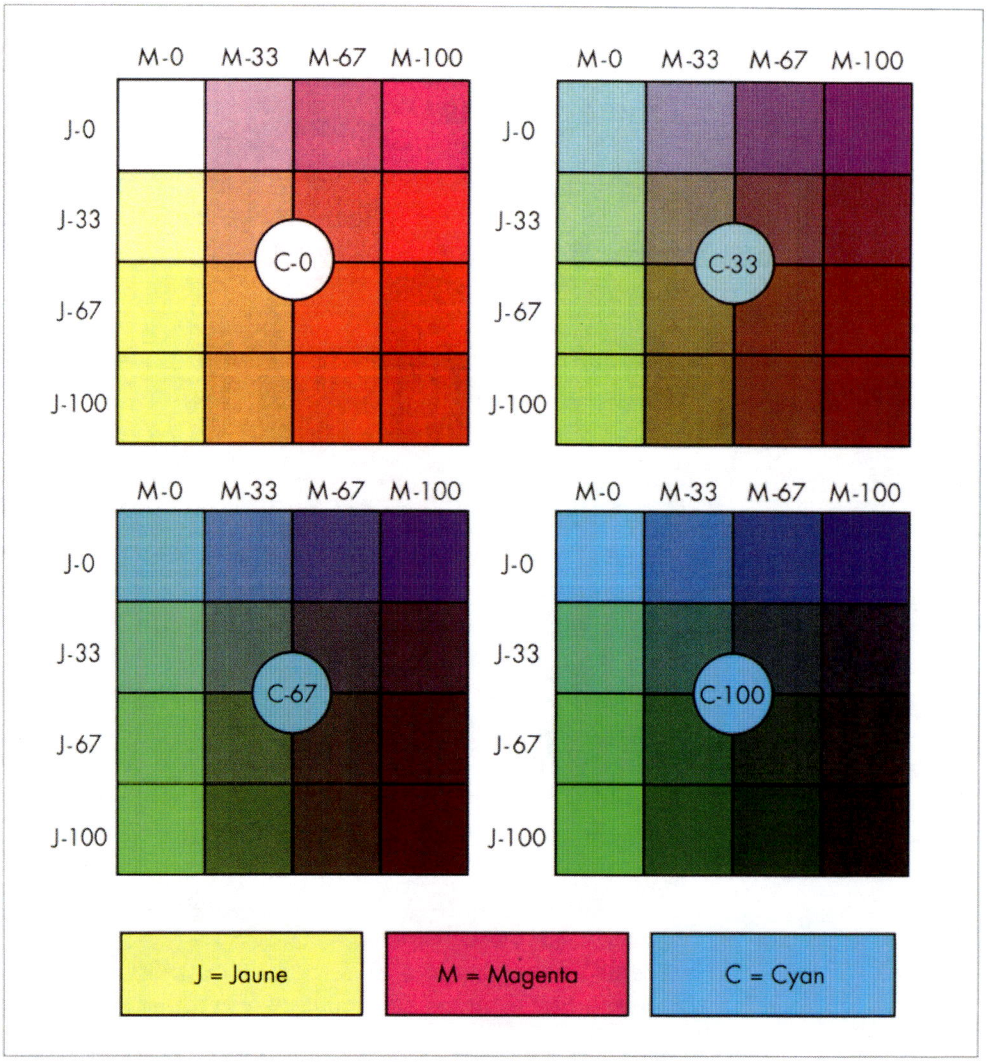

FIGURE 5.4 *Composition des couleurs du Colorcube. Les nombres correspondent aux pourcentages JMC utilisés pour composer chacune des couleurs des blocs selon leur position respective dans le cube à trois dimensions.*

Espace colorimétrique
Représentation des couleurs en trois dimensions dont les trois axes correspondent chacun à une couleur primaire de la synthèse additive. La position d'un point détermine la composition d'une couleur donnée.

selon l'ordre visuel couleur, luminance, saturation et valeur. Ce nouveau système facilite la compréhension des **espaces colorimétriques** parce qu'il nous montre les couleurs par segments selon leur position respective dans un espace virtuel en trois dimensions. Il permet d'abord de situer les couleurs, de les identifier et de les mélanger entre elles, comme on peut le voir sur les illustrations des figures 5.5 et 5.6.

Ces illustrations représentent les principes de classification des couleurs dans un espace colorimétrique qui découle de la synthèse additive. Ce modèle est très différent de ceux qui se fondent sur la synthèse soustractive (ordre chromatique) puisqu'il est impossible de le construire en trois dimensions comme l'arbre de Munsell et le puzzle Colorcube que nous venons de voir. On ne peut accéder à ce modèle autrement que par le biais de l'informatique. Dans cet espace virtuel, on classe les couleurs à partir de quatre critères : couleur proprement dite, luminance, saturation et valeur. Dans un cube spécifique, on voit par tranches et par sections la position logique des couleurs selon les applications qui leur sont propres. Par exemple, la figure 5.6 b) présente la position des couleurs primaires à l'écran, RVB (rouge, vert, bleu), dans un tel cube. Il en va de même pour toutes les autres figures. Hélas, ces illustrations sont fixes alors qu'à l'écran, on les voit en animation. L'écran de veille qui en découle est en effet hallucinant de plaisir pour tout coloriste qui a la chance de l'avoir dans son ordinateur.

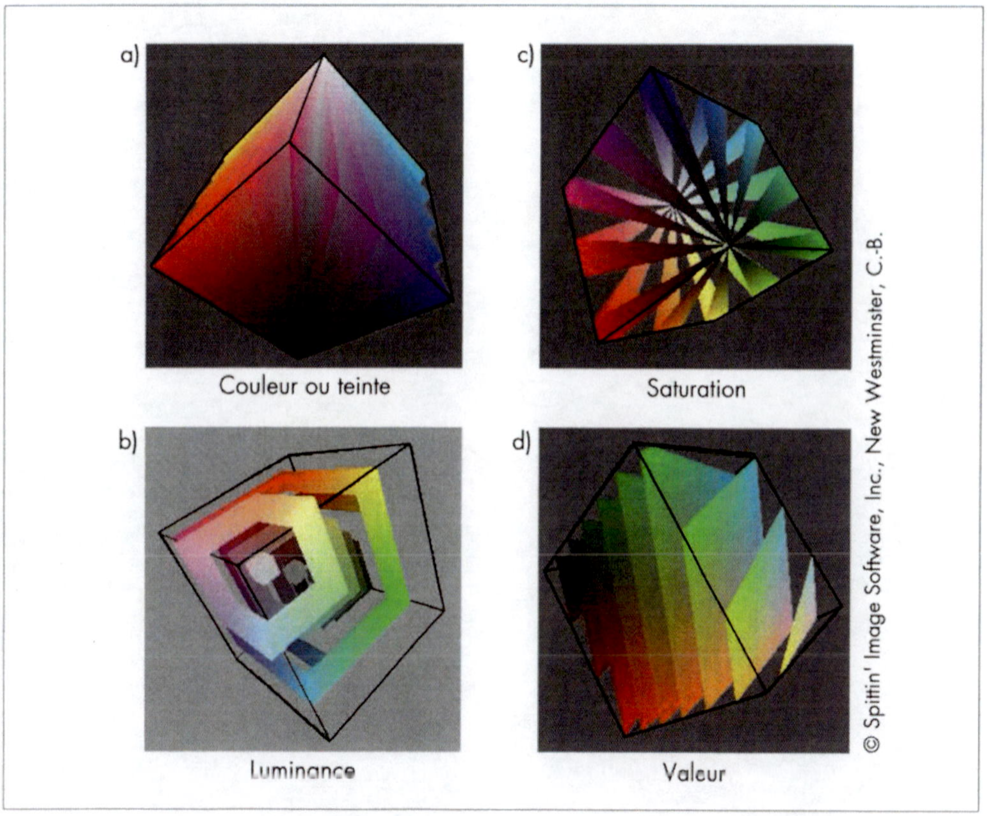

FIGURE 5.5 *Segments de l'espace colorimétrique programmés à partir du logiciel Colorcube. En a), les couleurs se présentent un peu comme les pales d'une turbine qui tourneraient dans le centre d'un arc-en-ciel, produisant des harmonies captivantes. En b), on s'imagine les couleurs du cercle chromatique de Newton qui tournoieraient dans l'espace en projetant leurs lumières. En c), chaque boîte de couleurs de cette suite illustre les teintes selon leur degré de saturation. En d), si l'univers ne contenait que du noir et du blanc, chaque couleur que l'on connaît maintenant aurait son équivalence en gris dans l'échelle des gris à partir de sa valeur.*

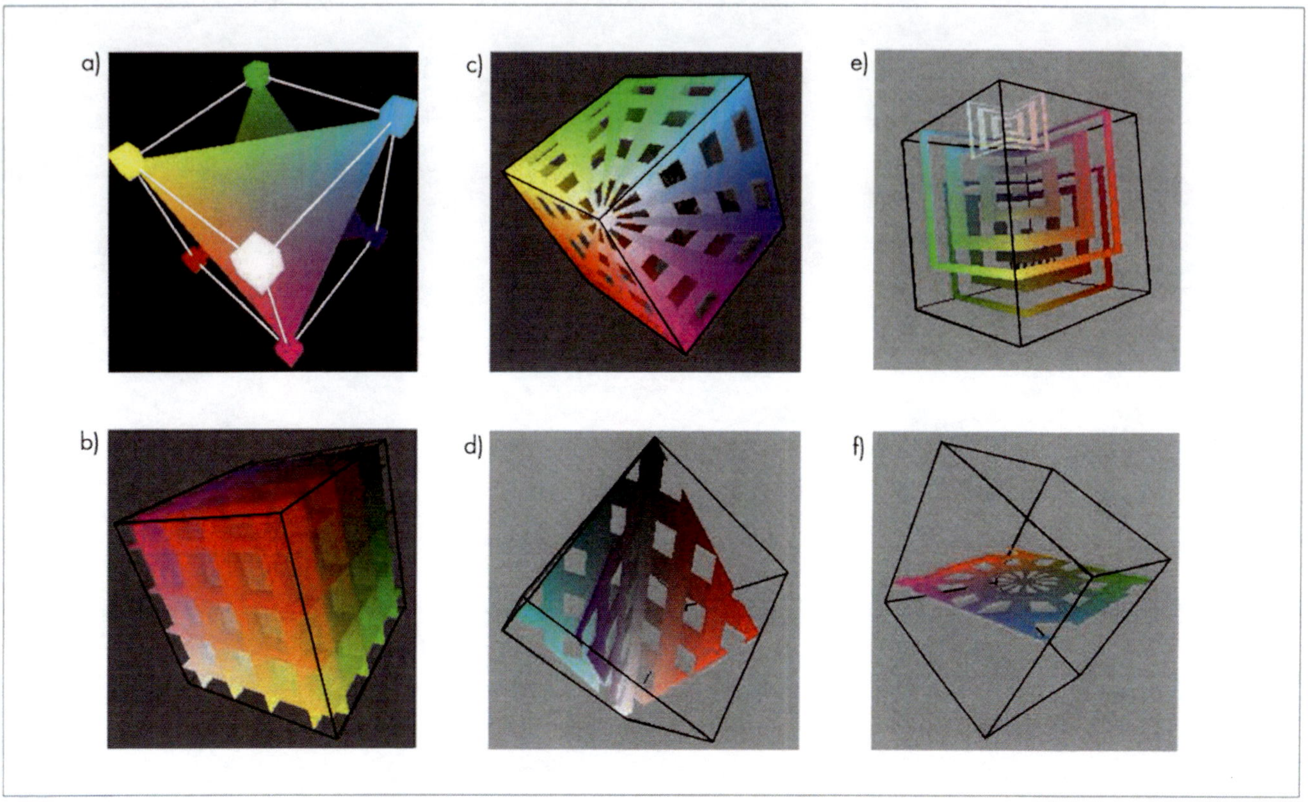

FIGURE 5.6 *En a), cyan, magenta, jaune avec blanc et noir intégrés au cube des couleurs. En b), plans RVB (rouge, vert, bleu) correspondant aux primaires de la télévision et des moniteurs. En c), plans chromatiques établis par rapport aux nuances et aux couleurs. En d), couleurs pures s'altérant jusqu'à la saturation vers des tons neutres tout en modifiant leurs valeurs. En e), plans de luminosité établis par la saturation des couleurs. En f), vue des couleurs par tranches selon leur position dans le cube telle qu'établie par rapport à leur saturation.*

LA JUSTE PERCEPTION DE TOUTES LES COULEURS

« Plus jaune que le lait, plus blanc que la crème. » Cette boutade rend compte de toute la réalité se rapportant à la perception des couleurs et de leurs nuances.

Vous modifiez l'éclairage d'une pièce et voilà les couleurs du tableau au mur qui se transforment. Le plafond que vous venez de peindre en blanc est soudainement vert; il reflète tout simplement la couleur de la pelouse éclairée par le soleil qui pénètre par la fenêtre. On le devine, la perception[1] des couleurs est fonction de plusieurs facteurs : acuité visuelle, interaction, éclairage, contre-jour, angle de réflexion et tout autre phénomène qui peut modifier cette perception jusqu'à la fausser. Parmi ceux-ci, il y a l'effet Fechner, qui transforme les aplats en dégradés; le poids visuel des couleurs, qui intervient dans la composition d'un tableau. Et qu'en est-il des tons chauds, des tons froids et des tons neutres ? Et des nuances fines et délicates qu'il faut apprendre à distinguer ? Voilà tout un programme !

6.1 CE QUI FAUSSE NOTRE PERCEPTION

Physiologiquement, tout œil normal perçoit la couleur. Comme nous l'avons vu plus tôt, ce qui varie chez les individus est la sensibilité des cônes aux couleurs et des bâtonnets à la luminosité. Mais ce qui fait défaut à beaucoup relève plutôt d'une certaine paresse quant à l'observation. Vous suivez une personne vêtue de blanc qui marche en direction du soleil. Le blanc que vous voyez est le fruit de votre imagination et d'un phénomène psychologique appelé **constance** de la couleur. Ce qui se passe en réalité, et qui vous échappe, c'est que ce blanc n'existe plus. Étant à contre-jour, il est devenu gris sombre et violacé.

Constance *Maintien relatif des caractéristiques propres à une réalité malgré les modifications de la couleur, de l'intensité, de la grandeur, de la forme ou de la position de l'image rétinienne. La constance est le résultat de l'apprentissage et de l'expérience.*

LES CLICHÉS

Les couleurs sont rarement telles que les gens les perçoivent en général. Cela est dû au fait que la plupart d'entre eux s'en tiennent aux clichés ancrés dans leur culture et leur éducation plutôt que de faire l'effort d'observer vraiment : le ciel est

1. D'aucuns utilisent le mot *discrimination* plutôt que *perception* quand il s'agit de la couleur. Ce mot fait d'abord partie de la terminologie des ophtalmologistes. On l'utilise aussi en psychologie lorsqu'on traite de la perception.

bleu turquoise, les arbres sont verts, leurs troncs sont bruns, l'eau est bleue et la neige est blanche; la peau d'un Blanc est évidemment rose saumon (un fabricant de couleurs a même produit une telle couleur qu'il a identifiée sous le nom de *rose chair*, quelle horreur !) et tout le monde sait que les pommes sont rouges. Cette attitude est regrettable. Elle se veut sécurisante, sans plus. Pour développer sa perception de la couleur, il faut d'abord et avant tout se débarrasser de cette mauvaise habitude et s'adonner à l'observation. C'est là une condition essentielle.

L'INCIDENCE DES SOURCES LUMINEUSES MULTIPLES

Il faut admettre que notre perception de la couleur a beaucoup évolué depuis l'avènement de la télévision et de l'informatique dans notre vie de tous les jours. Auparavant, le cinéma et la photographie n'avaient qu'une influence sporadique sur notre perception. Bref, tout ce que nous regardions, à l'extérieur et souvent à l'intérieur, était éclairé par une source lumineuse unique. Avec la télévision, il en va maintenant tout autrement, et cette influence est quotidienne pour la majorité des gens.

Au départ, les couleurs que l'on regarde à l'écran ne proviennent plus de la synthèse soustractive, mais bien de la synthèse additive, donc de la lumière; ce qui est totalement différent par rapport à notre perception habituelle. Que nous suivions un téléroman ou que nous regardions une entrevue, les ombres et les lumières sont établies par de nombreux projecteurs qui viennent de l'arrière-plan, du dessus et de l'avant-plan de ce que nous percevons. Ce sont les mouvements des caméras qui modifient constamment la distance entre notre regard et les objets et qui nous les font voir en plans bien cadrés : rapprochés, intermédiaires ou éloignés. Cela n'a plus rien à voir avec notre vision naturelle qui perçoit toute chose en perspective selon la luminosité ou, si l'on préfère, la valeur des couleurs. Dans la réalité, nous nous rapprochons des objets pour les voir de près, et ce sont nos yeux qui transforment graduellement leurs couleurs par rapport à leurs distances (*voir « La couleur et la perspective », p. 79*). Il faut ajouter que ces caméras nous font aussi voir les objets et les personnes sous des angles qui nous sont tout à fait inhabituels.

Ces éléments réunis font que nos yeux sont maintenant saturés de fausses couleurs brillantes, lumineuses et magiques. Ainsi, cette nouvelle réalité vient forcément modifier notre perception des couleurs, ne serait-ce que par le truchement de la mémoire visuelle même si elle est souvent inconsciente.

L'INCIDENCE DE LA LUMIÈRE

Il faut savoir que la couleur perçue en synthèse soustractive est toujours le fruit d'une réflexion de la lumière et que la nature même de celle-ci intervient pour beaucoup dans cette perception. La lumière parfaite a un spectre continu et une température de couleur d'environ 5500 kelvins. Seule la lumière du jour possède ces deux qualités. La source à xénon et certaines combinaisons de lampes fluorescentes peuvent s'en approcher; quant à la lumière produite par les lampes incandescentes et les halogènes, elle est jaunâtre. Le jaune appliqué sur une surface blanche que vous regardez sous une lumière bleutée comme celle d'un fluorescent est grandement amplifié; vous avez donc intérêt à voir ce jaune sous une lumière naturelle quand il s'agit de reproduction précise. La lampe halogène de votre projecteur à diapositives est jaune; par conséquent, les couleurs de l'image à l'écran sont faussées et, paradoxalement, peuvent paraître plus belles qu'elles ne le sont en réalité. Cela peut avoir une fâcheuse incidence sur sa reproduction en quadrichromie, le cas échéant.

... de toutes les couleurs !

Faites ces petites expériences qui vous feront voir les choses différemment !

- Prélevez des feuilles d'arbres différents et essayez d'en reproduire les verts. Vous constaterez illico que le vert Véronèse n'a rien à y voir pas plus que le vert permanent de votre ensemble de couleurs. Si vous faites la même expérience à l'automne, vous vous rendrez compte que les rouges variés des feuilles que vous avez choisies ne sont pas dans vos tubes non plus, ou alors que très rarement.
- Découpez une petite fenêtre de 2 cm sur 2 cm sur une feuille blanche. Placez-la sur des photographies reproduites dans des revues. Vous serez étonné de constater qu'un manteau qui semble rouge vif à prime abord ne l'est pas du tout, que le ciel si bleu sur cette autre photo est violacé et rompu vers le gris.
- Observez les reflets des objets dans l'eau; vous constaterez qu'ils sont sensiblement plus foncés que les objets eux-mêmes.
- Regardez le ciel à différents moments durant plusieurs jours. Vous remarquerez qu'il est plus souvent blanc et gris qu'il n'est bleu, à moins que vous n'habitiez le midi de la France. Quel bleu que celui-là !
- Jetez un regard sur le feu dans la cheminée et demandez-vous pourquoi tant de gens le reproduisent avec du jaune.
- Apprenez à voir les objets dans la lumière et dans la pénombre. Observez à quel point les couleurs se transforment.
- Essayez de reproduire le plus fidèlement possible les harmonies illustrées dans cette section. Répétez l'expérience avec des échantillons de couleurs et de tissus.

6.2 LES PIÈGES DE L'INTERACTION

Il y a des siècles, Léonard de Vinci avait déjà constaté que toutes les couleurs se modifient visuellement lorsqu'elles sont opposées les unes aux autres; elles ne peuvent échapper à ce piège de l'interaction. Ainsi, un même rouge vu simultanément sur un fond jaune et sur un fond violet semblera très différent. Goethe a été le premier à souligner ce phénomène. Son observation a ensuite été poursuivie par Chevreul, puis développée exhaustivement par le célèbre artiste américain d'origine allemande, Joseph Albers (*voir l'encadré à la page suivante*).

Il est impossible de composer des harmonies justes et bien équilibrées sans d'abord comprendre les principes de l'interaction. La loi ou l'effet de Fechner est un exemple parfait d'effet optique dû à l'interaction. C'est aussi ce principe essentiel de la couleur qui détermine si les tons et les teintes utilisés dans un ensemble répondent aux critères de l'homogénéité que l'on doit retrouver dans toute harmonie. Donc, il faut connaître les principes de l'interaction pour éviter les pièges qu'elle tend aux coloristes en modifiant les couleurs et en influant directement sur leur perception. Cette perception qui n'a pas fini d'en voir si l'on en juge par tous les autres éléments qui peuvent la modifier. Qu'il est difficile l'apprentissage de la couleur... Disons qu'il faut tout simplement y mettre le temps et la détermination nécessaires.

Joseph Albers (1888-1976)

Joseph Albers, artiste et professeur comme Munsell, a été l'un des plus grands coloristes du xxe siècle. Il a été professeur au célèbre Bauhauss allemand de 1923 à 1933 (Johannes Itten avait quitté cet établissement en 1923). Lorsque les nazis fermèrent le Bauhauss en 1933, Albers émigra aux États-Unis et instaura les concepts de l'enseignement des couleurs tel qu'il le pratiquait en Allemagne au Black Mountain College de la Caroline du Nord, où il resta pendant quinze ans. Il fut ensuite nommé directeur du département de design à l'université Yale de New Haven.

L'interaction des couleurs, c'est-à-dire l'influence qu'exercent les couleurs les unes sur les autres, a été le principal objet de ses recherches qui se sont étalées sur toute sa vie et ont profondément marqué son enseignement ainsi que le monde de la couleur. Sa fameuse série de tableaux *Hommage au carré* est connue dans le monde entier; elle procède directement de sa théorie de l'interaction des couleurs.

En fait, Albers a repris la théorie de Chevreul sur les contrastes simultanés qui avait eu à l'époque une influence marquée sur plusieurs peintres, dont Delacroix, Seurat et Delaunay. En collaboration avec ses étudiants, il a publié un album de luxe à tirage limité, présenté dans un coffret qui contient une grande partie de ses recherches sur sa théorie, dont toutes les illustrations ont été imprimées en sérigraphie. Un ouvrage remarquable, très rare, et hélas, presque inabordable.

PRINCIPES DE L'INTERACTION SELON ALBERS

Interaction *Influence qu'ont les couleurs d'un ensemble les unes sur les autres.*

Aplat *Surface unie d'une seule teinte.*

Une couleur n'existe jamais seule. Le principe de l'**interaction** repose sur l'influence que les couleurs exercent les unes sur les autres et les changements que cela entraîne dans notre perception visuelle[2]. Tout sérigraphe expérimenté connaît bien ce phénomène. Il imprime une première couleur en **aplat** sur un fond blanc et se dit tout au long du tirage que cette couleur lui semble trop foncée. Quand des tons plus sombres viennent ensuite s'y superposer, il se rend à l'évidence : il lui faudra reprendre cette première couleur qui est devenue beaucoup trop pâle. C'est à ce phénomène que beaucoup se heurtent quand ils veulent composer une harmonie. Le vert brillant qui, dans un premier temps, semble juste pâlit jusqu'au jaune au voisinage du noir. Le rouge cru refuse de s'intégrer aux tons composés. Nous entrons dans la complexité de la couleur. Les figures 6.1 et 6.2 donnent des exemples du phénomène de l'interaction des couleurs.

FIGURE 6.1 *Quand l'interaction entre en jeu. Ces bandes, bien qu'identiques dans chacun des carrés, diffèrent sensiblement selon la couleur sur laquelle elles ont été apposées. Plusieurs devront être réajustées parce qu'elles sont devenues trop pâles ou trop foncées.*

2. L'interaction est un phénomène que Chevreul a nommé *contraste simultané*, terme qui peut prêter à confusion comme nous le verrons en étudiant ce sujet.

FIGURE 6.2 *La ligne rouge, bien que de teinte uniforme, se dégrade au rythme de l'arrière-plan, devenant plus foncée ou plus pâle. Cette illusion est due à l'interaction. (Certains nomment à tort ce phénomène contraste progressif.)*

COMMENT ÉVITER LES PIÈGES DE L'INTERACTION

Une règle simple peut grandement nous faciliter les choses devant les problèmes suscités par l'interaction : la couleur se traite toujours du général au particulier; jamais à l'inverse. Déterminer à l'avance chacune des couleurs qui seront utilisées dans un ensemble est toujours une erreur; les appliquer au départ en pâte généreuse est aussi une erreur parce qu'elles seront difficiles à modifier, s'il y a lieu. Il est en effet impossible de juger de la pertinence d'une couleur tant qu'elle n'a pas été opposée aux autres, sans compter que le fond du support, qui est généralement blanc, influe aussi sur les couleurs déjà en place en les faisant paraître plus foncées qu'elles ne le sont en réalité (*figure 6.3*).

Tenter de tout résoudre d'un coup ne sert à rien. Il est préférable, dans un premier temps, d'étaler approximativement les couleurs, légèrement, à la manière des artistes expérimentés, pour les ajuster par la suite en tenant compte de l'ensemble des couleurs en interaction. Il faut aussi savoir que plus les couleurs utilisées seront nombreuses et différentes, plus les problèmes seront difficiles à résoudre.

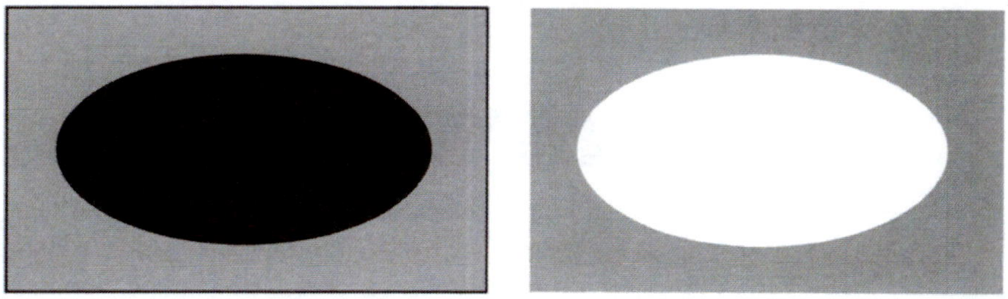

FIGURE 6.3 *Le même gris a été utilisé pour ces deux rectangles. Par interaction, celui de gauche, influencé par la forme ovale noire, semble plus pâle que celui de droite, sur lequel est appliquée la même forme, mais en blanc.*

Gustav Theodor Fechner (1801-1887)

Physicien et philosophe allemand. Il consacra une grande partie de sa vie à l'étude de la perception, particulièrement celle de la couleur. Il fut aussi le fondateur de la psychologie expérimentale moderne.

Couleur locale *Couleur propre à chaque objet, indépendamment de la couleur générale du tableau, de la distribution des lumières et des ombres.*

Rappelez-vous toujours, et cela s'adresse aux peintres en particulier, que la peinture ne consiste pas à colorier un dessin avec des couleurs prédéterminées, que l'on appelle **couleurs locales**, tels le bleu de l'eau, le vert des feuilles, le rouge de la pomme, etc., dont nous parlions plus haut. Encore faut-il savoir de quel bleu, de quel vert et de quel rouge il s'agit, et pouvoir juger de leur intégration harmonieuse dans un ensemble.

L'INTÉGRATION DES COULEURS DANS UN ENSEMBLE

Homogénéité *Éléments constitutifs de même nature ou répartis de façon uniforme.*

Couleur crue *Couleur non atténuée.*

Faire tache *Rompre une harmonie de couleurs.*

L'intégration des couleurs dans un ensemble est directement reliée à l'interaction; elle est synonyme d'**homogénéité**, sans laquelle toute œuvre est boiteuse. Pour bien comprendre ce principe, établissons d'abord qu'en règle générale une couleur pure ne s'intègre pas aux tons composés à moins qu'elle ne soit perceptible dans les mélanges qui la voisinent. Retenons qu'une harmonie faite de plusieurs **couleurs crues** sera homogène; une harmonie faite exclusivement de tons composés le sera aussi, à la condition qu'aucune couleur ne soit isolée; cela implique que toute couleur utilisée doit se retrouver à plus d'un endroit dans la composition, en tant que couleur pure ou altérée, pour éviter qu'elle ne **fasse tache**.

L'EFFET FECHNER, UN PHÉNOMÈNE PROVOQUÉ PAR L'INTERACTION

Gradation *Progression par degrés successifs.*

Quand des couleurs de valeurs intermédiaires sont juxtaposées en aplats parfaits, c'est-à-dire sans nuances, et qu'elles sont échelonnées par **gradation** régulière, un phénomène se produit : ces aplats perdent leur caractère, ils s'éclaircissent par interaction de la luminosité du côté de la valeur la plus foncée tel un dégradé à l'aérographe ou à l'ordinateur. Ce phénomène peut s'avérer intéressant à l'occasion à cause de la douceur lumineuse qui s'en dégage et des nombreuses variations qu'il apporte dans un ensemble coloré. Mais il peut devenir très embêtant quand on veut que des aplats qui se voisinent restent des aplats. Dans ce cas, il n'y a guère de solution si ce n'est de modifier les valeurs qui s'opposent pour éliminer le phénomène. La figure 6.4 illustre l'illusion créée par l'effet Fechner.

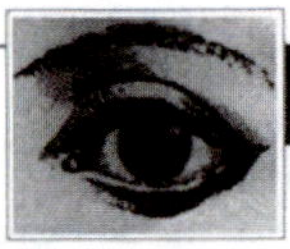

... de toutes les couleurs !

Vous voulez bien saisir ce que veulent dire les mots *intégration* et *homogénéité* ? Appliquez une tache de couleur pure sur une image quelconque provenant d'un magazine et vous aurez compris. Encore plus si vous essayez de composer une couleur qui visuellement s'intégrera à l'ensemble.

FIGURE 6.4 *L'effet Fechner. Ces rectangles sont des aplats parfaits. On constate que lorsqu'ils sont juxtaposés, particulièrement dans les tons intermédiaires, ils s'éclaircissent du côté opposé à la couleur voisine plus sombre. Si l'échelle n'est pas régulière, cet effet est annulé.*

6.3 LE CONTRE-JOUR : UN AUTRE ASPECT DE LA PERCEPTION DES COULEURS

Contre-jour *Éclairage d'un sujet par-derrière, ce qui le profile en silhouette, éliminant la clarté qui lui est propre.*

Le contre-jour, largement utilisé pour créer des atmosphères de calme et de sérénité en photographie et au cinéma, n'en présente pas moins un problème pour qui veut mettre en évidence un élément en particulier. En peinture, les silhouettes se découpant sur un fond lumineux ont toujours été considérées comme le summum de la facilité. Dans un **contre-jour**, son nom l'indique, la lumière la plus vive provient de l'arrière-plan du tableau ou de la photographie (*figure 6.5*). Les éléments de l'avant-plan perdent automatiquement leur clarté, basculent dans l'ombre et se transforment inexorablement en silhouettes.

FIGURE 6.5 *Cette photo est typique du contre-jour. Elle dégage cette atmosphère de sérénité qui plaît à tant de gens. Interprétée en peinture, elle serait perçue comme une vulgaire croûte.*

La logique veut que si vous regardez votre main en l'opposant à la lumière du soleil, vous ne pourrez en déceler la couleur. Il est impossible par exemple de mettre en lumière un sujet peint sur fond jaune, couleur la plus lumineuse du prisme, particulièrement quand il s'agit d'une nature morte. Prenons *Les tournesols* de Van Gogh (National Art Gallery de Londres). Nous constatons que l'arrière-plan jaune, même s'il est atténué, vient éteindre la lumière qu'on devrait retrouver dans les fleurs. Le pot sur lequel l'artiste a tenté d'ajouter des reflets lumineux n'est guère mieux pour autant : la lumière reste absente du sujet. On retrouve ces mêmes caractéristiques dans les natures mortes de Stanley Cosgrove, qui sont souvent peintes sur fond jaune. Tout arrière-plan trop brillant produira le même effet.

Certains artistes sont quand même parvenus à traiter d'autres sujets à contre-jour en évitant les formes qui se profilent en noir; de là à peindre des fleurs jaunes sur fond jaune en faisant rebondir la luminosité et la subtilité de leurs contrastes, il y a un monde; il est beaucoup plus simple et efficace de les éclairer autrement. On dira du tableau *Le jardinier* de Maurice Vlaminck (1876-1958) qu'il s'agit d'un contre-jour. Cela est faux ! Dans ce tableau, le peintre, fidèle à l'école fauviste, ne tient pas compte des règles habituelles de la couleur; sans quoi les troncs des arbres sur fond jaune brillant auraient été presque noirs alors qu'ils sont traités en rouge-orangé très vif.

6.4 LA COULEUR A-T-ELLE UN POIDS ?

Visuellement, la couleur a un poids, sans doute attribuable à la logique de la perception. Quiconque regarde deux masses identiques qui s'opposent se rend vite compte que la plus pâle, donc la plus lumineuse, semble plus légère que celle qui est plus foncée. Dans la figure 6.6, les couleurs primaires et leur complémentaire, placées sur une balance, basculent proportionnellement à leur luminosité. Le rouge et le vert étant égaux, ils s'équilibrent mutuellement.

Qui dit poids dit donc équilibre. Dans une composition picturale, le poids correspond à la valeur relative des couleurs; une masse trop sombre, donc trop lourde par rapport aux autres, et de surcroît mal placée fera inévitablement basculer toute composition.

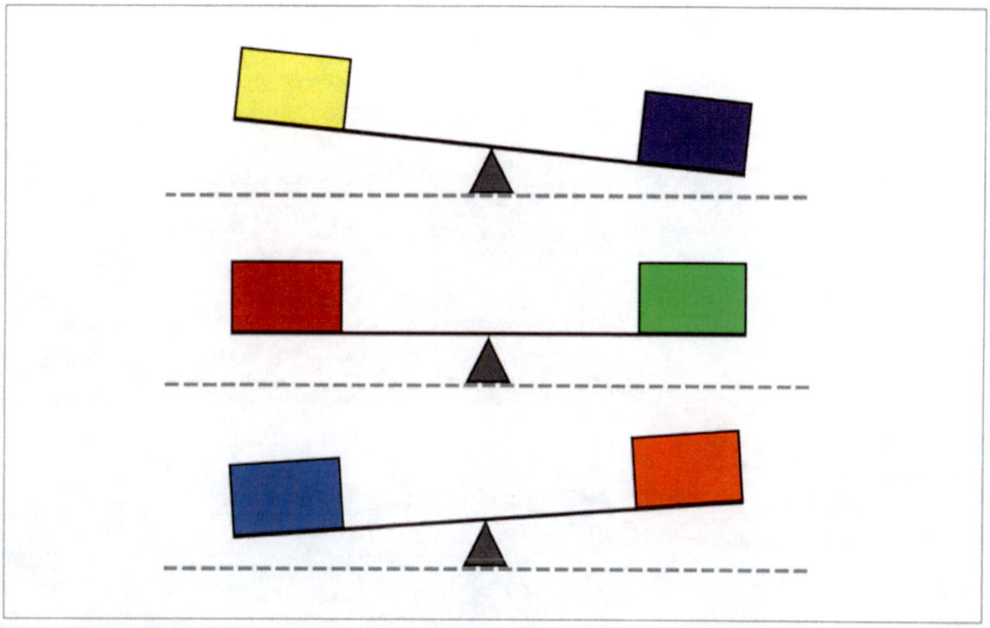

FIGURE 6.6 *Comparaison du poids visuel des couleurs primaires et de leur complémentaire basé sur la luminosité.*

6.5 TONS CHAUDS, TONS FROIDS ET TONS NEUTRES

C'est encore la logique de la perception qui fait que l'on associe les couleurs aux éléments naturels. Les tons chauds sont depuis toujours associés au feu; les tons froids à l'hiver, à la glace et à tout ce qui peut sembler froid. Alors, que vient faire le vert dans les tons froids ? Va pour le bleu-vert, mais le vert si chaud que l'on retrouve dans nos couleurs d'été ? C'est que le vert du cercle chromatique est un vert froid duquel n'émane visuellement aucune chaleur. On aura compris que l'on parle ici exclusivement des couleurs pures du cercle chromatique dont les mélanges peuvent établir une quantité presque infinie d'autres tons composés et de nuances (*figures 6.7 et 6.8*). Pour qualifier ceux-ci de chauds ou de froids, il faut

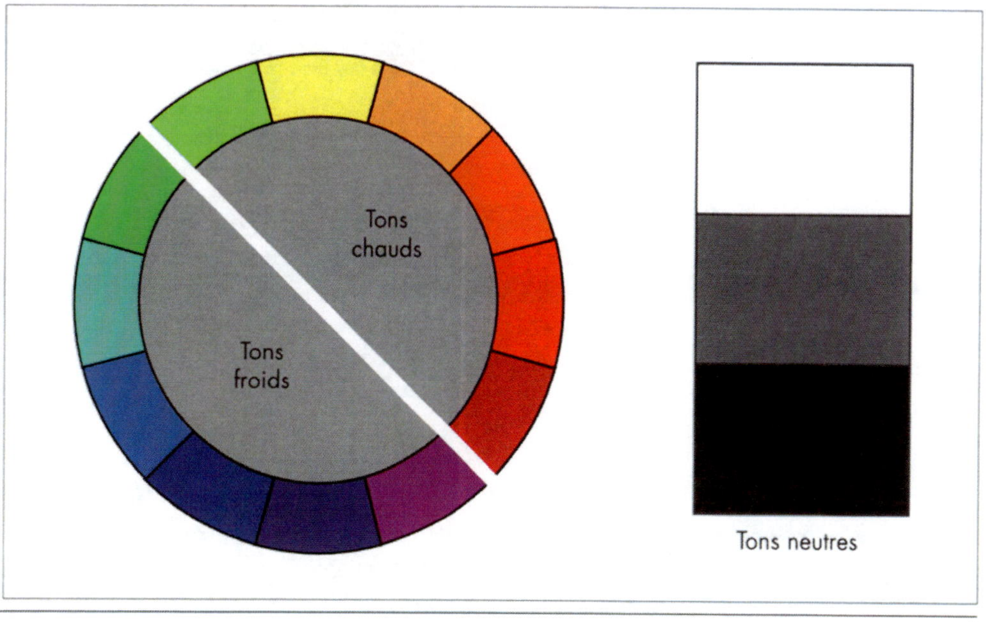

FIGURE 6.7 *Les couleurs pures du cercle chromatique sont divisées en tons chauds et froids. Le noir, le blanc et les gris constituent les tons neutres.*

FIGURE 6.8 *Ce tableau, interprété avec des tons chauds, froids ou neutres, change complètement d'atmosphère selon le cas. Lequel préférez-vous ? À votre perception et à votre sensibilité d'en juger.*

donc faire appel à son sens de la perception des couleurs. Il est bien sûr possible de recourir aux instruments complexes de la colorimétrie, mais cela est complètement inutile pour les artistes. Quant au noir, au blanc et aux gris, ne sachant à quoi les relier, on les a tout simplement nommés *tons neutres*. Logique, n'est-ce pas ?

LES TONS CHAUDS

Ton chaud *Couleur dont la longueur d'onde est plus près du rouge.*

Dans le cercle chromatique, les **tons chauds** vont du jaune-vert au rouge primaire : jaune-vert, jaune, jaune-orangé, orangé, rouge-orangé et rouge. Il s'agit également des tons les plus lumineux, si l'on fait exception du vert dont la luminosité est égale à celle du rouge.

Ton froid *Couleur dont la longueur d'onde est plus près du bleu.*

LES TONS FROIDS

Les **tons froids** vont du pourpre au vert dans le cercle chromatique : pourpre, violet, bleu-violet, bleu, bleu-vert et vert.

Ton neutre *Couleur ou teinte neutre, indécise et sans éclat.*

Rompue *Se dit d'une couleur ou d'une teinte mélangée ou atténuée par une autre.*

Rabattue *Se dit d'une couleur ou d'une teinte à la fois foncée et lavée.*

LES TONS NEUTRES

Les **tons neutres** sont le noir, le blanc et les gris. On a l'habitude de nommer *gris* toutes les teintes **rompues** ou **rabattues**. Cependant, dès qu'une teinte est encore perçue à la limite de sa saturation, elle porte en réalité le nom de la couleur qui peut être intégrée dans l'ordre chromatique. Néanmoins, bien qu'ils soient imprécis, seuls les termes gris neutres, chauds ou froids, ou encore gris-bleu ou gris rosé permettent de désigner verbalement de tels tons.

6.6 LA PERCEPTION DES NUANCES FINES

Rendu *Exécution restituant fidèlement l'impression donnée par la réalité.*

Percevoir les nuances les plus délicates est d'abord une question d'observation; pour y arriver, il s'agit en fait de comparer des teintes presque identiques. Prenons le cas de la photographie présentée à la figure 6.9 dans laquelle tous les objets blancs sont à la fois semblables et pourtant différents. Sentir instinctivement de quelles couleurs sont composés ces blancs est une autre affaire. Pour produire un **rendu** satisfaisant de ces blancs teintés, on doit procéder par expérimentation à moins d'être un surdoué de la perception des couleurs, ce qui est le cas de plusieurs peintres. Ici le blanc est plus chaud, là il est plus froid. Les gris dégradés des ombres de cette même photo ne sauraient être obtenus en mélangeant du noir et du blanc; ils sont subtilement colorés d'ocre, de bleu et de brun.

FIGURE 6.9 *Exemple de nuances fines.*

... de toutes les couleurs !

Bien difficile de croire que ce petit carré bleu sur fond blanc est parfaitement identique à celui entouré d'un pointillé sur la photographie. Ce phénomène est dû à l'interaction. De là l'importance de l'observation. Certains ont par trop vite fait de déduire intuitivement plutôt que de regarder ce qui se passe en réalité. Dans ce cas-ci, il s'agit d'un bleu de cobalt rompu avec sa complémentaire. Bien mal engagé celui ou celle qui tenterait d'obtenir cette couleur directement d'un pot ou d'un tube.

Regroupez des objets de couleurs de même nature dont certains auront un fini mat et d'autres un fini brillant. Tentez ensuite de les reproduire avec le médium de votre choix. Vous constaterez que, dans ses applications pratiques, la perception des nuances fines exige beaucoup de rigueur de la part d'un artiste avant d'en produire un rendu acceptable. Ne serait-ce que pour différencier deux nuances de la même couleur telles qu'elles sont réfléchies par une surface mate ou brillante et en arriver à les transposer sur une toile, l'expérience en vaudrait la peine.

... de toutes les couleurs !

Les couleurs ci-dessous ont été découpées dans des magazines : ciels, robes, fruits, sable, etc. Il s'agit forcément de tons composés qui ne sont pas faciles à reproduire. Essayez quand même de le faire avec le médium de votre choix. Vous constaterez une fois de plus que la juste perception des couleurs et des nuances exige beaucoup de temps et d'expérimentation.

... de toutes les couleurs !

Quelle est la couleur manquante au centre de cet ensemble ?

Choix de réponses

1 2 3 4 5

Vous avez raison si vous avez choisi le numéro 2.

... de toutes les couleurs !

Trois teintes de cet ensemble ne sont pas justes par rapport à l'ordre chromatique. Lesquelles ?

B1 - A4 - C5

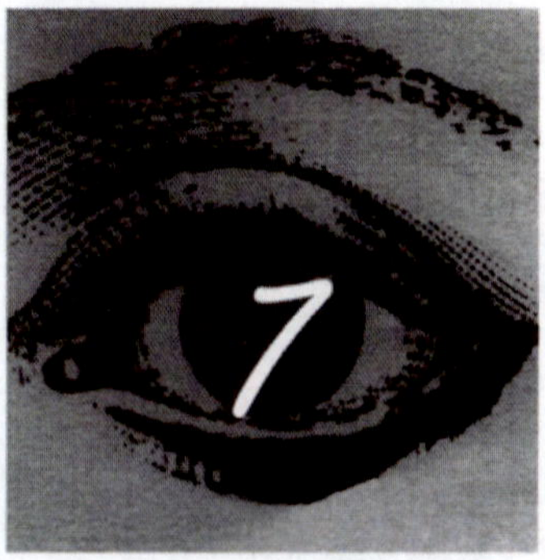

LES HARMONIES OU LE CHOIX DES COULEURS

« Je ne peux mettre ce coussin aux motifs verts sur mon canapé bleu; tout le monde sait que le bleu et le vert ne s'harmonisent pas ! » Fausse idée ! Tout dépend de la nature du vert et du bleu que l'on veut opposer, et il en va de même pour toute harmonie. Aucune recette toute faite ne permet d'harmoniser les couleurs. Des théoriciens ont vainement cherché à établir une loi universelle en créant des modèles plus ou moins complexes; on a même tenté de concevoir un système basé dans sa forme sur le solfège; beaucoup de temps perdu.

Alors, comment apprendre à créer de belles harmonies ? Il y a d'abord la connaissance des principes de base, essentielle à quiconque veut assortir diverses teintes. Vient ensuite la roue des couleurs, un outil précieux quand on veut produire des harmonies valables. L'ordonnance des couleurs, une fois comprise, peut aussi nous simplifier la tâche. Et comment réussir les harmonies créées à partir des couleurs transparentes ? Nous verrons qu'elles s'établissent par la déduction et la logique. Quant à nos choix de couleurs, nous les voudrions personnels, harmonieux, extraordinaires et jamais vus. Mais il faut y mettre du temps. Allons-y donc dès maintenant !

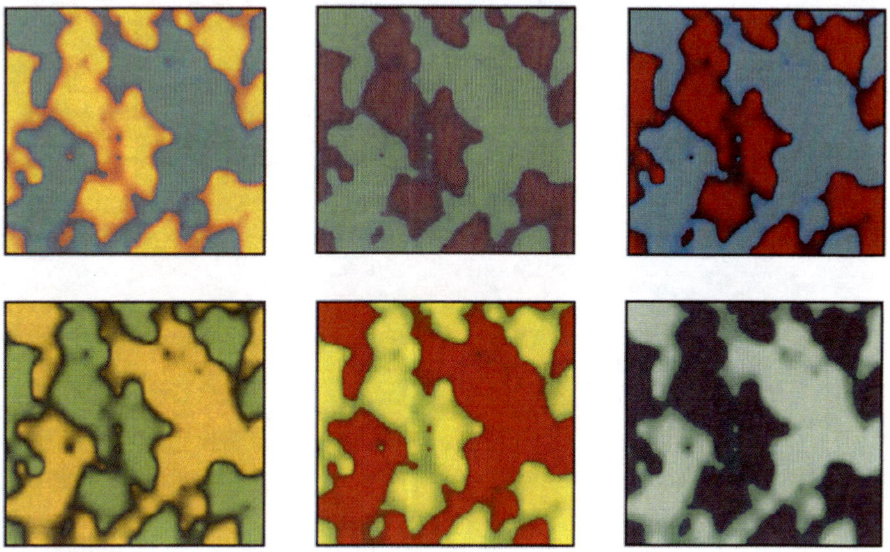

FIGURE 7.1 *Le même sujet, la même composition abstraite auront un caractère très différent selon les couleurs choisies, leur gamme étendue ou restreinte, leurs contrastes appuyés ou légers.*

7.1 UN PEU D'HISTOIRE

Les temps ont bien changé depuis l'époque où des éducateurs et des théoriciens avaient trouvé *la vérité* en ce qui a trait aux harmonies. La preuve, cet extrait d'un manuel scolaire sur la couleur rédigé en 1928 par les sœurs de Sainte-Croix[1] :

> *L'harmonisation des couleurs, comme d'ailleurs toute question de bon goût, est avant tout à base de sobriété, c'est-à-dire de sacrifice, et la palme du coloris revient toujours au plus modéré; car notre œil peut nous être à la fois un guide sûr et une cause d'illusion. En général, les enfants — surtout les sauvages, ces grands enfants de l'humanité — montrent une prédilection marquée pour les violents contrastes et cela par la forte raison psychologique que les couleurs intenses, dont le propre est de captiver l'œil par leur éclat, ont aussi la vertu d'éveiller, de stimuler et d'aviver nos émotions. Puisse une plus saine éducation du goût apaiser cette ardeur immodérée chez ces gens à sensations et leur apprendre, à la faveur de sérieuses réflexions, à garder la juste mesure.*

On a peine à croire qu'un jour quelqu'un a pu écrire autant de bêtises avec autant d'assurance. Il va sans dire qu'il ne viendrait à personne l'idée de rédiger un texte de cette nature aujourd'hui. Cet extrait a cependant le mérite de nous faire voir le long chemin que nous avons parcouru depuis : nos choix de couleurs et d'harmonies reposent maintenant sur des théories solidement documentées et sur la libre expression des créateurs. *A priori,* ceux-ci ont horreur des dogmes qu'on voudrait leur imposer pour ce qui est du choix de *leurs* couleurs; en ce sens, ils ont parfaitement raison. C'est cependant une erreur de croire que la connaissance est un obstacle à cette liberté de choix. Au contraire, elle est essentielle à qui veut élargir le champ de ses expériences, explorer de nouvelles possibilités et, partant, sortir de la banalité. Par comparaison, c'est elle qui fait toute la différence entre un musicien qui pianote par oreille et un compositeur qui s'est astreint à étudier le contrepoint selon Palestrina[2] : tous deux font de la musique mais ne sont pas du même calibre. Comme Edgar Degas, soyons modestes devant la couleur. Le grand artiste avait horreur des prétextes qui engendrent la facilité, ce qu'il exprimait ainsi : « L'inspiration, la spontanéité et l'accidentel n'ont que faire dans mon atelier. »

7.2 REGARD SUR LES HARMONIES DES GRANDS MAÎTRES

Le coloriste qui ne s'en tiendrait qu'à un segment précis de l'ordre chromatique ou de la roue des couleurs ne pourrait se tromper, car ces couleurs sont parfaitement justes les unes par rapport aux autres, surtout quand elles s'enchaînent graduellement sous forme de **couleurs** dites **analogiques** (*figure 7.2*). L'histoire est tout autre lorsqu'on veut opposer des couleurs très différentes les unes des autres et, pis encore, s'il s'agit de tons composés. Nous avons déjà dit qu'aucune loi ne peut nous indiquer précisément comment agencer des couleurs et les harmoniser parfaitement; ce sont donc les yeux qui doivent finalement juger de la pertinence des choix, ce qui est le fruit d'un long apprentissage. Pour s'aider, il faut regarder et regarder encore comment les grands peintres ont résolu le problème des harmonies en utilisant des **palettes** riches, simples et souvent très particulières.

Couleurs analogiques *Teintes d'une même famille.*

Palette *Ensemble des couleurs habituellement utilisées par un peintre.*

1. Intitulé *La couleur,* le manuel scolaire rédigé par les sœurs de Sainte-Croix de Saint-Laurent pour le cours pratique de dessin a été publié en 1928 par les frères de l'Instruction chrétienne.
2. Giovanni Pierluigi Palestrina (1525-1594) fut l'un des grands maîtres de la musique polyphonique.

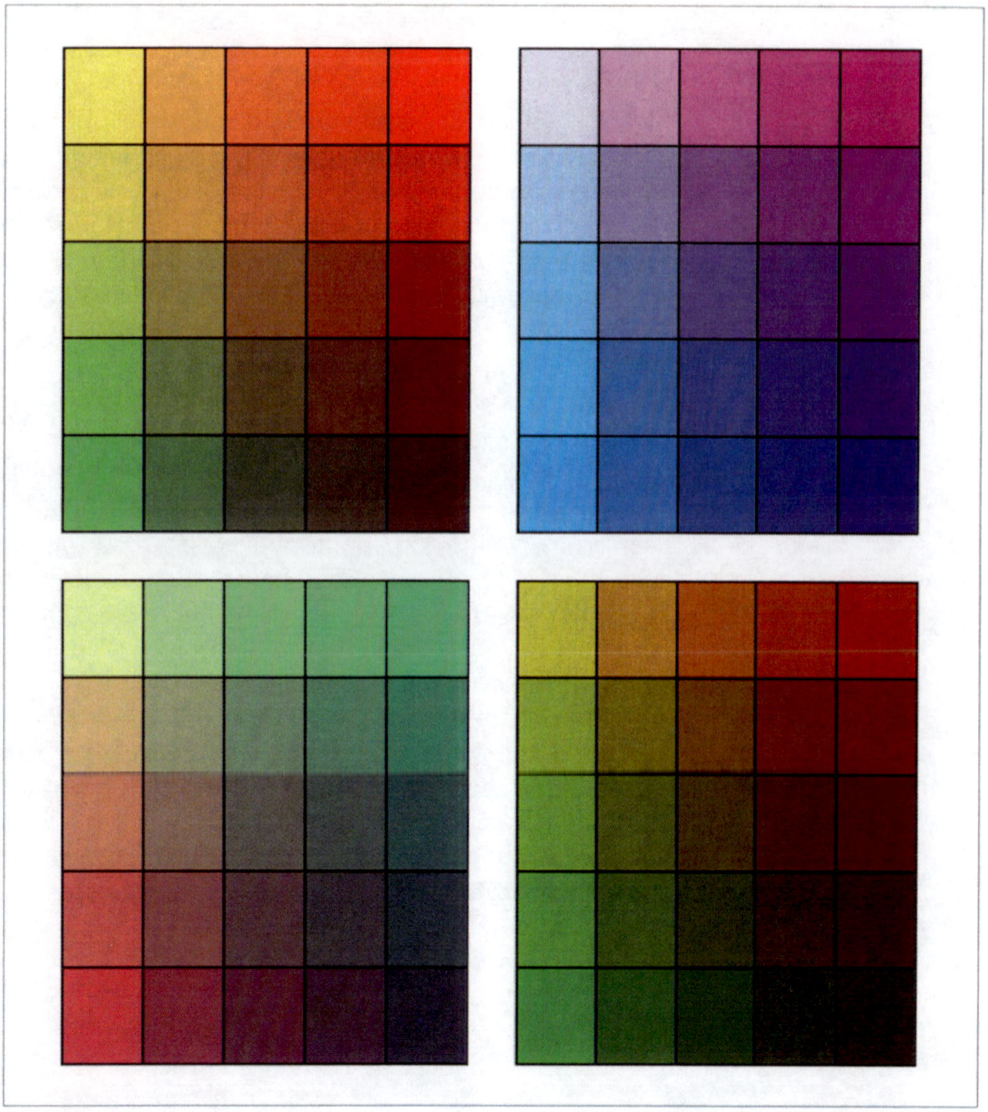

FIGURE 7.2 *Les quatre ensembles de couleurs sont des segments tirés de l'ordre chromatique. Les teintes s'enchaînent donc parfaitement et sont forcément harmonieuses. Ce sont aussi des couleurs que l'on dit analogiques, c'est-à-dire différentes mais apparentées, se rapprochant les unes des autres. On ne peut rater une harmonie qui procède de ce type d'association; il ne faut cependant pas la confondre avec un camaïeu établi à partir du ton sur ton, c'est-à-dire des valeurs nuancées d'une même couleur.*

La Renaissance a connu de grands coloristes comme Botticelli (1445-1510) et Raphaël (1483-1520), dont les œuvres nous font voir des harmonies remarquables; œuvres que l'on retrouve, à défaut de mieux, dans les nombreux livres d'art disponibles en librairie et dans les bibliothèques. Prenons aussi le temps de les consulter pour comprendre comment des coloristes comme Delacroix (1798-1863) et Géricault (1791-1824) ont abordé les harmonies. Analyser celles de Gauguin (1848-1903), de Van Gogh (1853-1890), de Monet (1840-1926) et de Renoir (1841-1919) est un plaisir en soi. Soyons reconnaissants aux romantiques, aux impressionnistes et aux Fauves d'avoir libéré la couleur. Voyons aussi Chagall (1887-1985) qui, dans son œuvre, a fait preuve d'une audace-couleur très particulière.

Observons également les tableaux aux harmonies saisissantes des artistes du Groupe des Sept, qui ont marqué la peinture canadienne depuis 1920; A.Y. Jackson, J.E.H. MacDonald, Lawren Harris, Tom Thomson, Arthur Lismer, Frederick Varley et Frank Johnston ont démontré que les paysages peuvent être traités avec force, puissance et sensibilité sans verser dans le **chromo**. Les explosions de couleurs de Riopelle, par exemple *Knight Watch* (1953) et *Pavane* (1954) exposés au Centre national des arts, à Ottawa, constituent en soi un cours complet sur le principe de l'intégration harmonieuse des couleurs dans un ensemble.

Chromo *Images en couleurs, de mauvais goût.*

Il y a aussi beaucoup à apprendre des œuvres d'autres Québécois contemporains comme Fernand Leduc, Jean McEwen, Yves Gaucher, Fernand Toupin, et de Guido Molinari, qui sont tous des coloristes exceptionnels. Curieusement, un peintre comme Jean-Paul Lemieux, qui admettait, à raison, ne pas être un coloriste, s'en tirait par la façon dont il maniait les valeurs dans ses tableaux; en bref, il ternissait ses couleurs uniformément en les mélangeant avec du noir ou du brun plutôt qu'avec leur complémentaire. Il disait modestement : « Je ne suis pas un coloriste, je suis un *valoriste* », voulant souligner par ce mot de son invention l'importance qu'il accordait à la valeur de la couleur.

7.3 PRATIQUE DES HARMONIES AVEC LA ROUE DES COULEURS

Harmonie *En couleur, selon Itten, ce mot signifie* équilibre, symétrie des forces; *que les teintes associées dans une harmonie sont équilibrées de façon à être perçues par l'œil sans provoquer de couleurs résiduelles; qu'elles sont complètes en soi, et pas nécessairement belles. Ce qui n'empêche ni l'un ni l'autre.*

On le sait, toutes les couleurs se faisant face dans le cercle chromatique sont complémentaires et, partant, peuvent être mélangées et associées harmonieusement. Il s'agit bien sûr du b.a.-ba de l'**harmonie** et nous ne saurions en rester là. Ce qu'il nous faut résoudre, en réalité, c'est comment composer des couleurs différentes et les associer harmonieusement dans un ensemble. Et pour cela, il y a la roue des couleurs (*figure 7.3*).

La roue des couleurs est un outil de référence pour tout coloriste. Elle correspond à l'utilisation pratique du cercle chromatique de Newton, la base de toute application de la couleur. C'est elle qui situe les complémentaires et les accords harmonieux, une connaissance essentielle pour les débutants comme pour ceux qui ont plus d'expérience. Il faut cependant bien savoir l'utiliser. Trop de gens s'imaginent que le simple fait d'associer les couleurs pures à partir de cette roue constitue *la* solution au problème des harmonies. Ce n'est pas si simple, car les associations de couleurs qui en découlent sont axées sur les couleurs pures

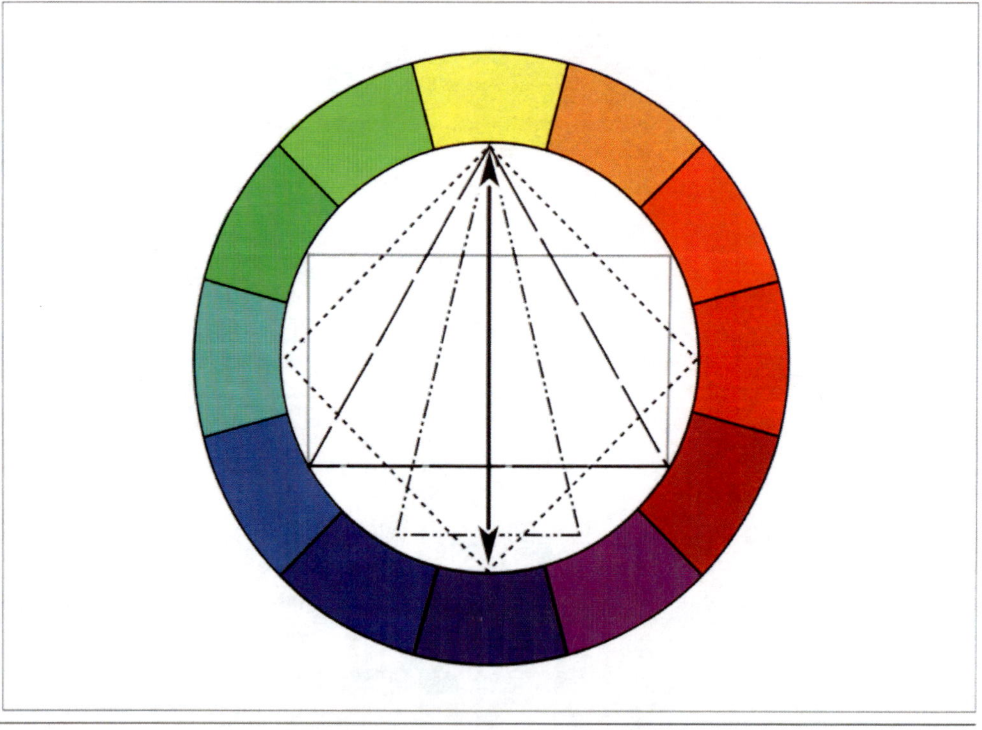

FIGURE 7.3 *La roue des couleurs.*

... de toutes les couleurs !

Aussi bien commencer tout de suite. Prenez par exemple le carré dont les quatre coins pointent des couleurs différentes. Choisissez les quatre couleurs pointées. La gouache de haute qualité se prête bien à cet exercice; ce qui n'exclut en rien l'huile ou l'acrylique. Ces quatre couleurs composeront la palette de base, aucune autre ne sera utilisée; seul le blanc pourra s'y ajouter lors des mélanges entre elles. Les harmonies qui en découleront seront forcément justes. Enfin, cela reste à voir.

Vous avez sans doute saisi que les pinceaux finiront par faire le tour des douze couleurs de la roue, si vous poursuivez l'expérience avec les autres associations possibles indiquées par le carré.

---

du cercle chromatique, couleurs que les peintres utilisent rarement de façon systématique sans les mélanger entre elles. La roue n'en est pas moins la base du mélange des couleurs et de toute construction harmonique. Mais comment la comprendre ? Comment l'utiliser ? La réponse à ces deux questions est relativement simple : il faut en étudier les principes et les applications avec un pinceau à la main. C'est la seule façon d'y arriver, même si cela est très exigeant.

À force d'expérimentation, on en vient à saisir toutes les possibilités harmoniques de la roue. Une fois qu'on a percé tous ses secrets, on peut passer à des expériences fascinantes qui ne mettent pas en cause les principes reliant ces couleurs, mais qui les transgressent légèrement, pour notre plus grand plaisir. Par exemple, on peut remplacer les quatre couleurs pointées dans la roue par d'autres couleurs de même nature : le bleu-vert par un vert de phtalo, le rouge-orangé par une autre sorte d'orangé, le jaune du prisme par un jaune de cadmium plus pigmenté ou de l'ocre, et le violet par toute couleur s'en rapprochant, qu'elle soit plus bleue ou plus rouge, voire par un rouge magenta très sombre. On sort dès lors des sentiers battus pour se diriger vers la créativité. Mais rappelons qu'avant de se permettre ces aventures-couleurs, il faut avoir bien assimilé les principes inhérents à la roue des couleurs. Les figures 7.4 à 7.7 expliquent les nombreuses possibilités d'harmonies qu'elle propose.

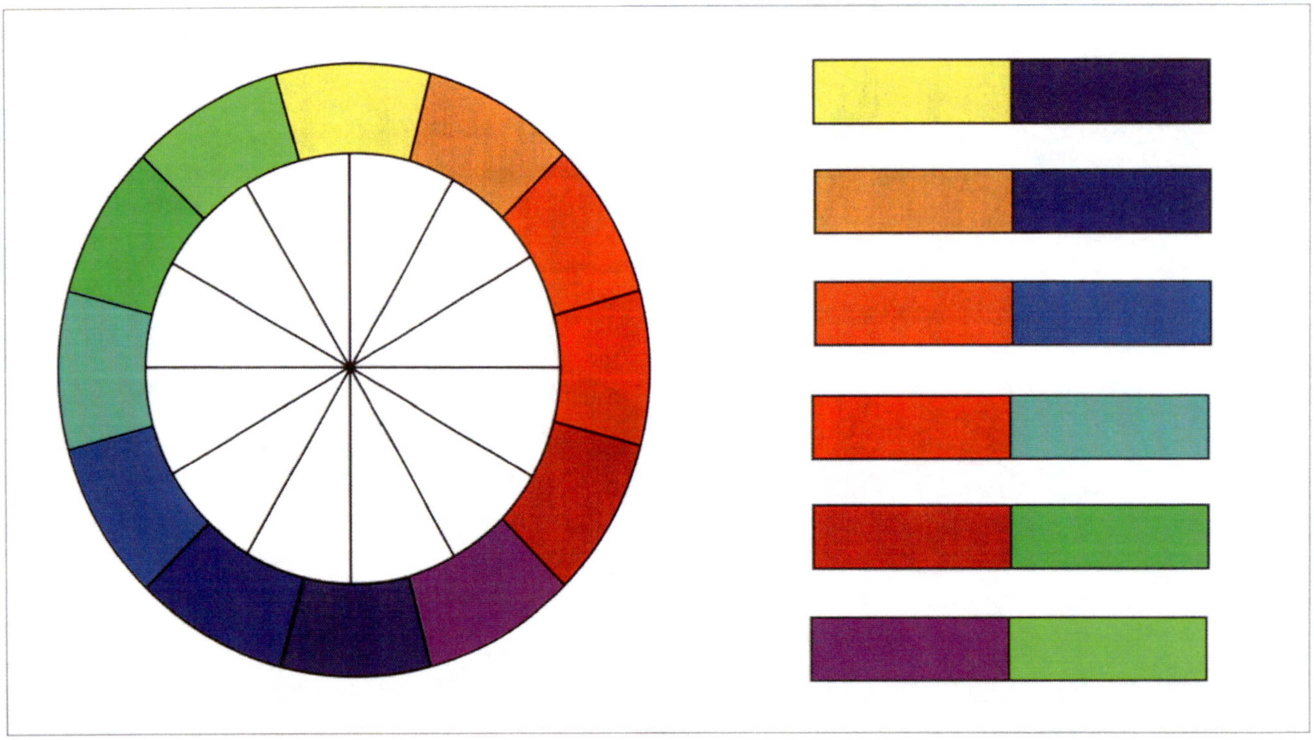

FIGURE 7.4 *Les couleurs se faisant face dans la roue sont complémentaires, associées. On peut les utiliser crues, en contrastes. On peut en tirer des gris neutres ou teintés en harmonie avec les couleurs pures qui les composent. Cependant, les mélanges possibles avec deux couleurs restent limités.*

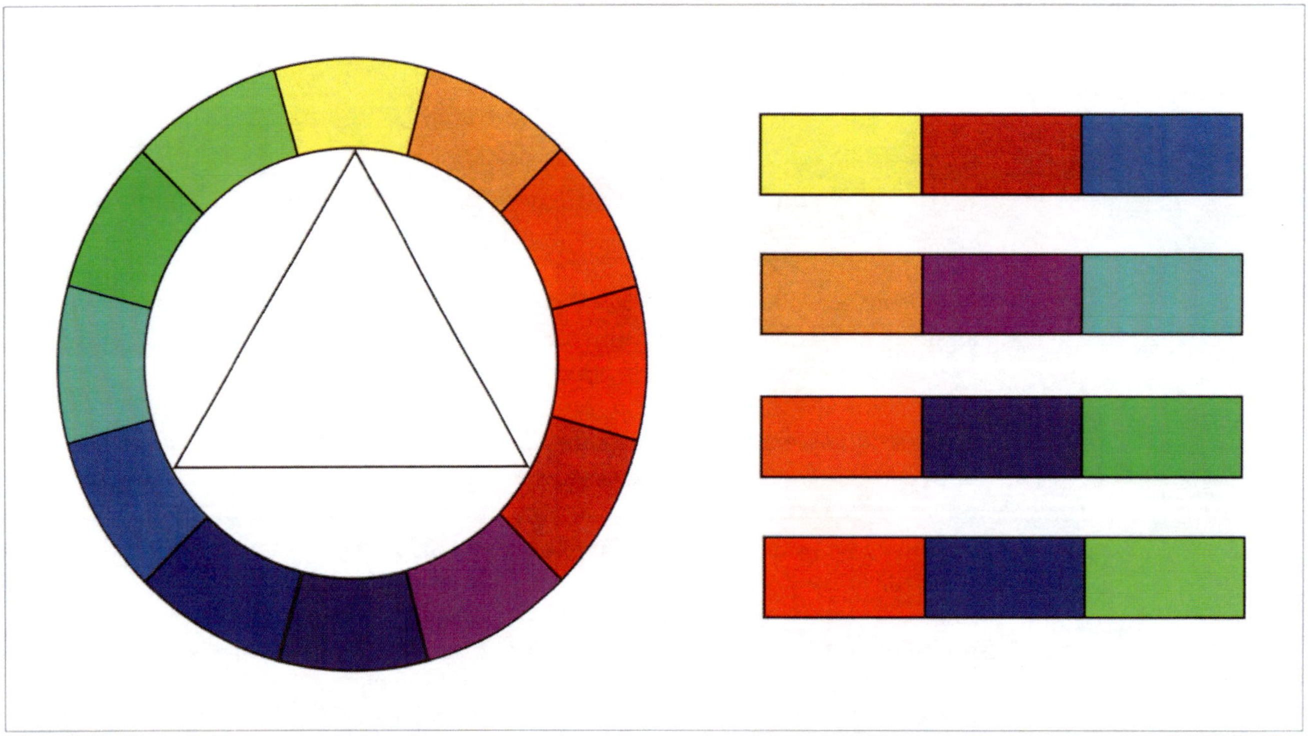

FIGURE 7.5 *Les couleurs formant un triangle équilatéral dans la roue sont équidistantes, associées. Certains peintres, plutôt que d'utiliser les trois couleurs primaires, vont choisir l'un des regroupements de trois couleurs représentés à la droite de cette roue, mélanger ces couleurs entre elles et obtenir ainsi des harmonies inusitées et intéressantes.*

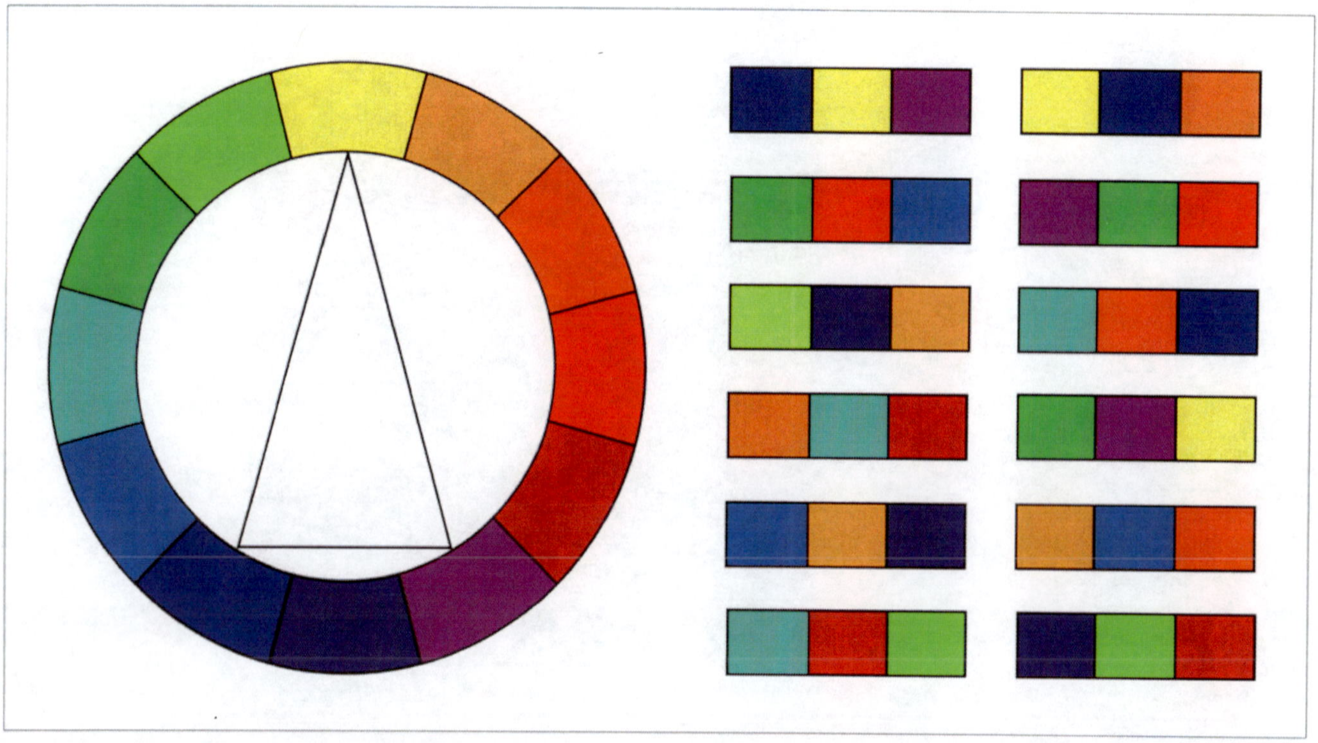

FIGURE 7.6 *Ce triangle isocèle pointe vers une couleur de la roue. À la gauche et à la droite de sa base se trouvent les deux couleurs les plus près de la complémentaire de la couleur pointée; on les nomme demi-complémentaires. Dans les regroupements à la droite de la roue, chaque couleur est entourée de ses deux demi-complémentaires. En principe, ces accords sont toujours harmonieux.*

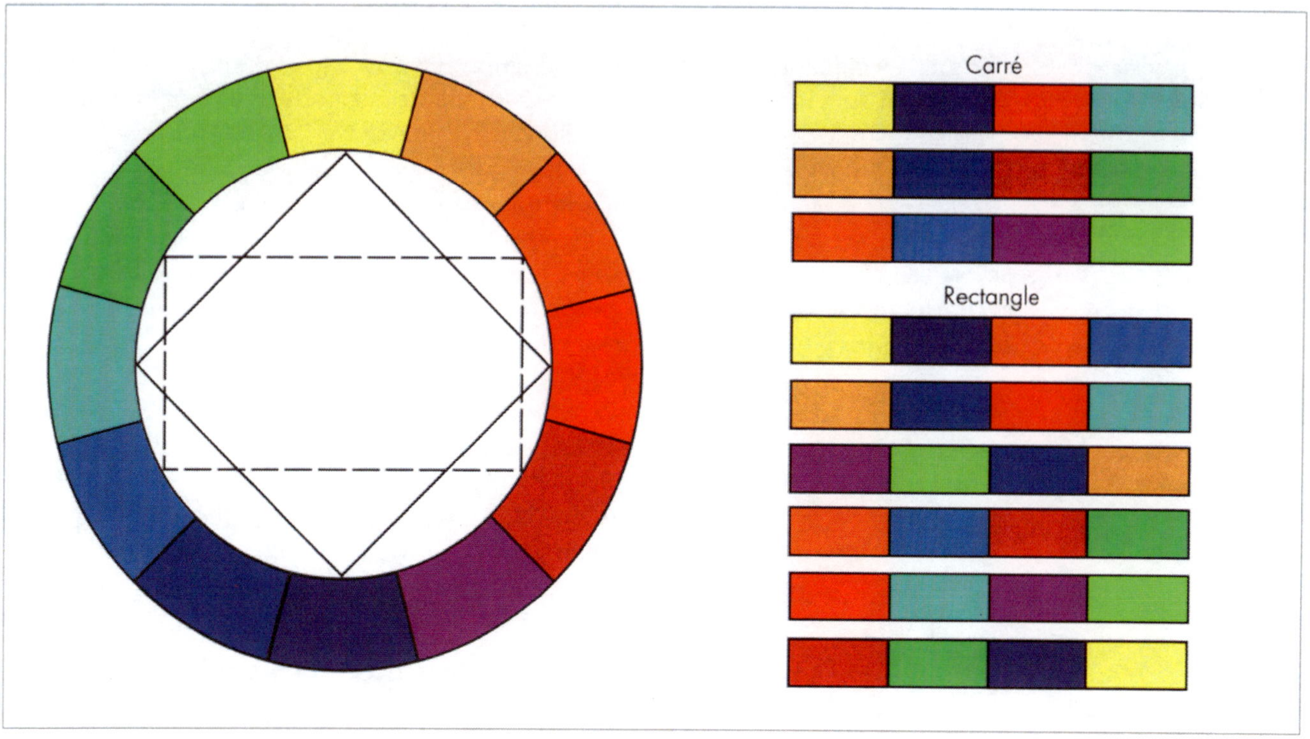

FIGURE 7.7 *L'association de deux contrastes de complémentaires formant un carré (tétraèdre) ou un rectangle à l'intérieur de la roue donne des harmonies particulièrement riches et somptueuses. De telles harmonies deviennent cependant difficiles à maîtriser lorsqu'on commence à mélanger ces couleurs entre elles et que l'on fait intervenir le blanc. En avez-vous fait l'expérience ?*

FIGURE 7.8 *Qu'elle soit produite à l'aquarelle, à l'aérographe ou à l'ordinateur, la transparence exerce toujours cette mystérieuse fascination chez les créateurs. Elle engendre aussi des effets de sensiblerie et de sucré dont on doit se méfier.*

7.4 LA COULEUR ET LA TRANSPARENCE

« La peinture à l'huile c'est bien difficile, mais c'est bien plus beau que la peinture à l'eau. » Celui qui a écrit cela ignorait tout de la peinture et de la couleur. Rien n'est plus difficile que de manier avec adresse la couleur par transparence, et tout aquarelliste expérimenté le sait.

Glacis *Préparation peu chargée en pigments, qui donne un film translucide.*

Acrylique *Émulsion obtenue par dispersion dans l'eau de pigments de couleur broyés dans un latex.*

Qu'importe le médium utilisé (aquarelle, encres, crayons-feutres ou **glacis** à l'huile); qu'il s'agisse d'un tableau ou d'une œuvre en trois dimensions construite à partir d'**acryliques** colorés, l'exploitation des transparences exerce chez tous les créateurs une fascination bien compréhensible (*figure 7.8*). Cela tient à la magie engendrée par les teintes et les nuances qui naissent de leur superposition; cette magie ne doit cependant pas l'emporter sur la justesse d'un ensemble. Il y a transparence et transparence. En imprimerie et en reproduction, cela relève exclusivement de la technologie, alors qu'ici il s'agit de mélanges de couleurs transparentes et d'harmonies produites par superposition, travail exigeant pour des créateurs. Ceux-ci doivent en effet faire preuve de beaucoup de discipline et procéder à de nombreux essais avant de bien contrôler cette application de la couleur. En gravure, par exemple, il faut sûrement avoir acquis la solide expérience d'un Richard Lacroix, l'un des grands maîtres québécois de cette technique, pour parvenir à une maîtrise exceptionnelle de la couleur par transparence.

Composer des teintes par superposition est donc le résultat d'un long apprentissage. Voici quelques exemples des problèmes qui surgiront sûrement :

- Un vert appliqué sur un rouge peut donner un brun, un gris neutre ou autre chose.
- Un bleu, selon sa nature, ne produira pas nécessairement un violet s'il est superposé à un rouge.
- L'opacité et la saturation relatives de chacune des couleurs utilisées interviendront sur les teintes en place par interaction.
- Une couleur crue ou opaque ne s'intégrera pas aux autres.

Un ensemble d'aquarelle ou de crayons-feutres peut contenir un assortiment de teintes qui présentent autant de problèmes à résoudre dès qu'on les superpose. D'aucuns s'en tiendront aux couleurs de la quadrichromie : jaune, magenta, cyan et noir, et procéderont par déduction quant aux valeurs respectives des couleurs utilisées pour réussir à composer par superposition les couleurs désirées; alors là, ils peuvent prétendre à la mæstria pure et simple ! Il faut aussi tenir compte qu'en transparence chacune des couleurs ajoutées vient foncer l'ensemble, et le retour vers des teintes plus claires est presque toujours impossible. Les figures 7.9 et 7.10 donnent quelques exemples de couleurs utilisées en transparence. En fait, on pourrait ajouter ici mille autres figures, et cela n'en resterait pas moins qu'un résumé visuel de toutes les possibilités qui nous sont offertes.

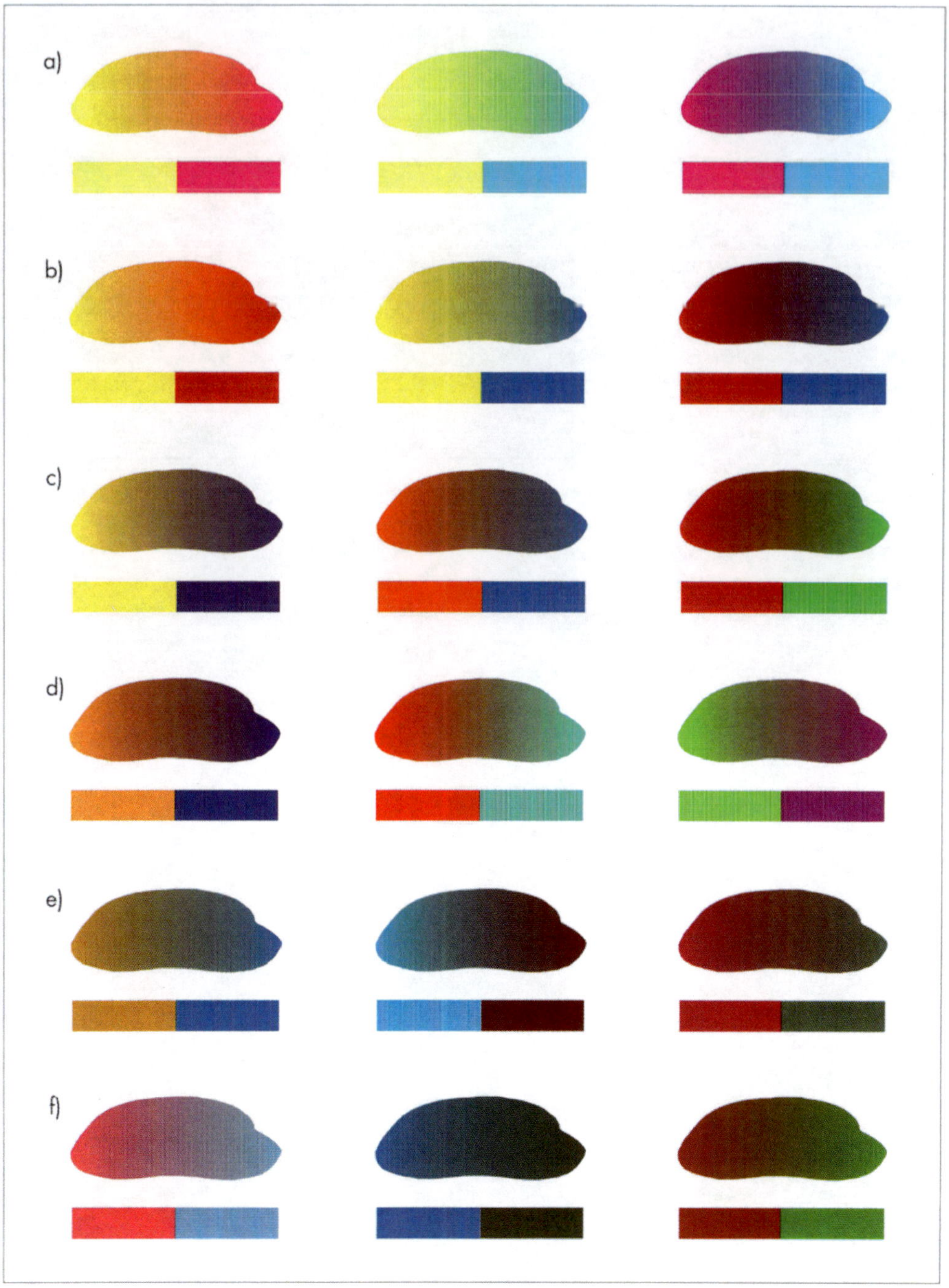

FIGURE 7.9 *Couleurs composées par la superposition de deux teintes transparentes. En a), superposition de deux couleurs de la quadrichromie. En b), superposition de deux couleurs primaires du cercle chromatique. En c), superposition d'une couleur primaire et d'une couleur secondaire du cercle chromatique. En d), superposition d'une couleur secondaire et d'une couleur tertiaire du cercle chromatique. En e), ocre et bleu primaire, bleu céruléen et terre de Sienne naturelle, carmin alizarin et terre verte. En f), laque de garance et bleu-violet clair, bleu primaire et terre d'ombre naturelle, oxyde de rouge et vert de vessie.*

FIGURE 7.10 En a), teintes transparentes obtenues avec les couleurs primaires du cercle chromatique. En b), même illustration à laquelle des lignes de contour ont été ajoutées aux nuances. En c), transparence tirée de la superposition des couleurs de la quadrichromie.

LE NOIR ET LES GRIS

Un professeur d'art en enseignement supérieur ne pouvait supporter de voir un tube de noir dans le coffret de ses étudiants qui en étaient quittes pour une longue diatribe chaque fois que la chose se produisait. En coloriste averti, il connaissait tous les dégâts causés par le noir dans le mélange des couleurs. Cela étant dit, on ne peut cependant ignorer que le noir est souvent essentiel dans certaines harmonies et certains contrastes : s'il n'y a pas d'ombres, il n'y a pas de lumière. Alors, pourquoi en faire toute une histoire ? C'est qu'un noir de qualité ne sort jamais directement d'un tube ou d'un pot; comme nous le verrons, il est composé, et c'est là toute la différence. Quant aux gris que nous allons étudier, ils sont produits par trames uniformes ou dégradées allant du blanc au noir.

8.1 QU'EST-CE QUE LE NOIR ?

En arts visuels, le noir est d'une puissance absolue. Le moindre symbole calligraphique chinois dégage la force d'une œuvre achevée. C'est aussi le cas des tableaux contemporains du Français Soulages, des Américains Kline et Motherwell, de l'Allemand Hartung. Le noir, le blanc et les gris qui en découlent peuvent également produire des contrastes de clair-obscur magnifiques. Les artistes photographes en savent quelque chose. Ce ne sont donc pas les couleurs qui interviennent dans de tels contrastes, mais bien la luminosité plus ou moins marquée des valeurs qui s'opposent les unes aux autres par plans, de pâles à foncées (*voir « Contraste clair-obscur », pages 102 et 103*).

Le noir est aussi essentiel lorsqu'il s'agit de faire rebondir une couleur. Enlevons-le d'un tableau de Mondrian, et l'œuvre devient tout autre. De plus, il est parfois nécessaire de se servir du noir pour composer certaines couleurs que l'on

Pas de noir pour Monet

Lorsque Claude Monet, un des maîtres de l'impressionnisme, décéda en 1926, Georges Clémenceau, ami du peintre et célèbre homme politique français, accouru à son chevet, vit que l'on avait recouvert la dépouille d'un drap noir. Sans hésiter, il arracha les rideaux blancs de la fenêtre et en couvrit le coloriste; selon lui, ce noir insupportable faisait insulte à Monet. Vraie ou fausse, cette histoire vaut la peine d'être racontée, ne serait-ce que pour mettre en évidence l'horreur que les coloristes éprouvent, jusqu'à un certain point, pour cette couleur, laquelle en fait n'en est pas une, le noir étant neutre.

ne peut obtenir autrement. Rappelons-nous toujours que, lorsque utilisé à mauvais escient, le noir tue et salit les couleurs; d'où ce principe simple : ne jamais utiliser le noir pour foncer une couleur, qu'il s'agisse du noir d'ivoire ou du noir de mars. Ces noirs peuvent être employés tout au plus pour peindre sur un fond uni ou lorsque leurs qualités importent peu. Les gris que l'on peut en tirer en les mélangeant avec du blanc sont médiocres.

QUALITÉ-COULEUR DU NOIR

Il est important de savoir que tout noir possède sa qualité-couleur intrinsèque, laquelle intervient de façon significative dans l'ensemble par le jeu de l'interaction (*revoir la page 50*). La couleur la plus sombre d'un tableau est souvent associée au noir en raison de son contraste marqué avec les couleurs les plus pâles. On dira par exemple d'une couleur foncée qu'il s'agit d'un noir, alors qu'elle est en réalité un brun verdâtre très foncé.

8.2 LES NOIRS COMPOSÉS

Dans un ensemble coloré, il est toujours préférable de recourir à des noirs composés qui, en plus de bien s'intégrer, nous proposent une belle gamme de gris. Un petit ajout de noir composé à une couleur déjà rompue peut s'avérer utile à l'occasion. En cela, il faut faire confiance à ses yeux. La figure 8.1 présente quelques exemples de noirs composés.

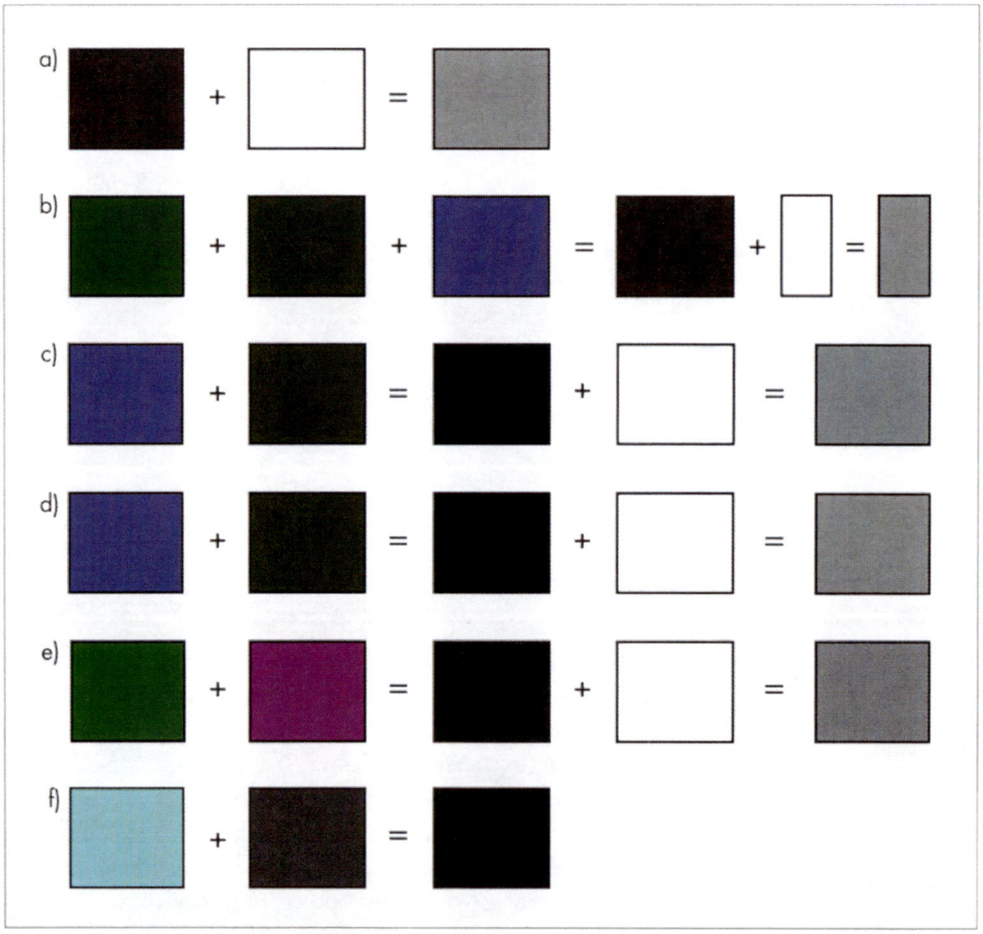

FIGURE 8.1 *Les noirs composés. a) Ce noir est celui de la quadrichromie. Le noir de mars s'en rapproche un peu. b) Ce noir est un mélange de vert foncé, de terre d'ombre naturelle et de bleu outremer. c) Ce noir bleuté provient du mélange du bleu outremer et de terre d'ombre naturelle, le bleu y est dominant. En ajoutant du blanc à ce noir, on obtient un gris bleuté. d) Ce noir est composé du même mélange que le précédent mais sans couleur dominante. En y ajoutant du blanc, on obtient un gris parfaitement neutre et compatible avec toute couleur pure. e) Ce noir est le plus noir que l'on puisse obtenir. Il est un mélange de vert très sombre et de pourpre foncé. Il est compatible avec presque toutes les couleurs. f) En imprimerie, on obtient un aplat noir parfait en superposant le noir de la quadrichromie à une trame bleu cyan d'une valeur de 40 % à 50 %.*

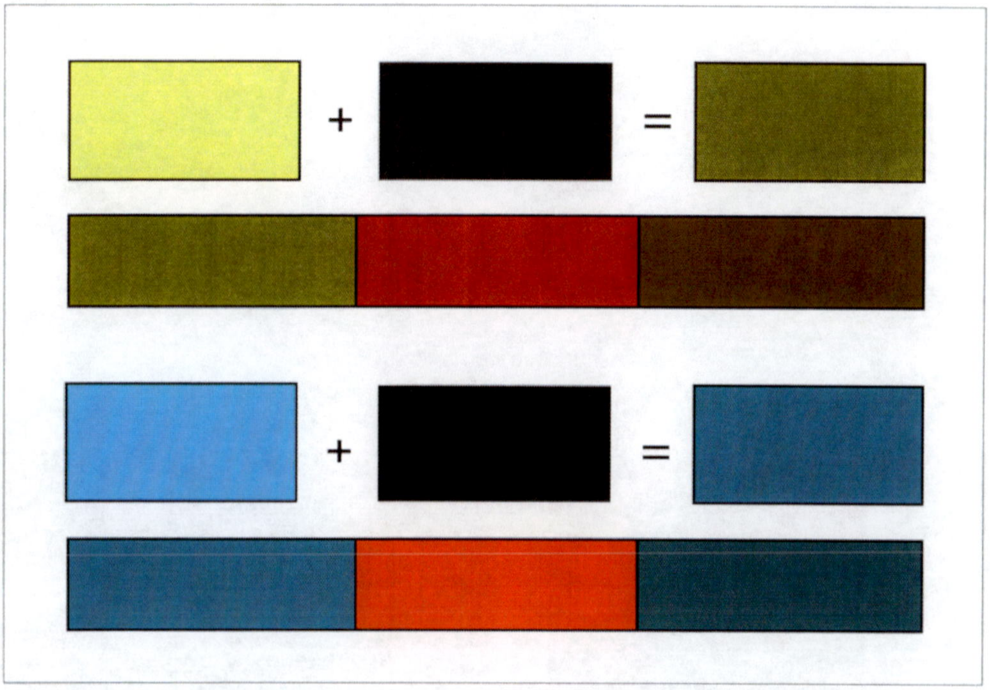

FIGURE 8.2 *Des couleurs particulières.*

LE NOIR DE LA QUADRICHROMIE

Le noir de la quadrichromie est très particulier. Disons d'abord qu'il est produit exclusivement pour des applications en arts graphiques et non en peinture. Contrairement aux noirs d'ivoire et de mars qui sont colorés de vert ou de brun, ce noir est léger et parfaitement neutre. Il est généralement appliqué en trame et par transparence, pour combler la lacune des pigments jaune, magenta et cyan qui ne sont pas justes. Comme on le mentionne à la figure 8.1 f), ce noir doit être superposé au cyan quand il est appliqué en aplat. Il n'est jamais mélangé directement avec du blanc. Quant aux gris qui en dérivent, ils sont produits (toujours en imprimerie) par trames uniformes ou dégradées allant du noir au blanc.

DES COULEURS PARTICULIÈRES

Comme on peut le voir à la figure 8.2, le jaune primaire, lorsqu'on lui ajoute un peu de noir, produit un vert olive. De même, on compose le turquoise sombre en mêlant du noir à du bleu cyan ou céruléen. (Pour ce faire, on peut aussi utiliser certains turquoises brillants.) Il est important de retenir qu'après avoir obtenu la couleur désirée, on se servira de sa couleur complémentaire pour la foncer et la modifier, et non pas du noir : rouge dans le cas du vert olive et orangé dans le cas du turquoise sombre. Il faudra aussi que ces complémentaires soient légèrement mélangées avec du noir pour en faciliter l'intégration.

8.3 LES GRIS

Tous les gris ont une luminosité qui leur est propre, laquelle correspond à une couleur dans l'ordre chromatique. Compliqué ? Pas tant que ça.

Dans l'échelle des gris basée sur la luminosité, les gris varient de 0 pour le noir pur à 100 pour le blanc, ce qui correspond à la gradation établie par Munsell dans l'ordonnance des couleurs; c'est donc dire que toute couleur a son équivalence en

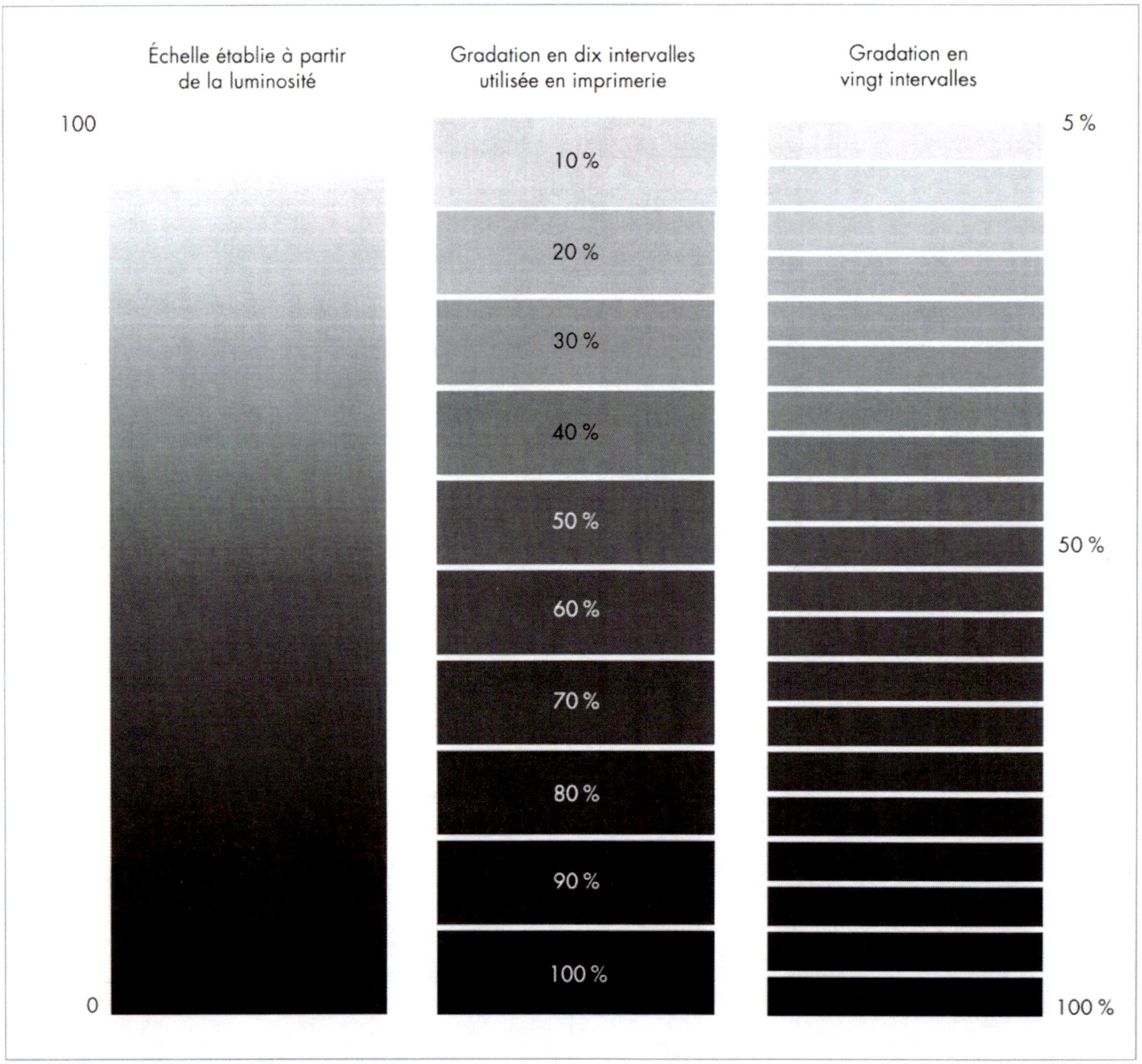

FIGURE 8.3 *Différentes échelles de gris.*

gris (*figure 8.3*). En imprimerie, les valeurs proportionnelles des gris s'établissent à l'aide d'une échelle graduée par intervalles de 10 %. Il existe également une échelle des gris graduée par intervalles de 5 %, rarement utilisée parce que peu de gens ont l'acuité visuelle nécessaire pour en percevoir les valeurs intermédiaires. Néanmoins, on s'en sert dans les ateliers de sélection des couleurs de haut niveau et dans des imprimeries du même calibre pour comparer, à l'aide d'un densitomètre à réflexion, la luminosité des gris par rapport aux couleurs en aplat qu'ils ont remplacées.

8.4 COULEURS VERSUS NOIR ET BLANC

Avez-vous déjà participé à un concours de peinture sérieux ? Si oui, vous êtes-vous demandé pourquoi on exigeait que vous fassiez aussi parvenir une photographie en noir et blanc du tableau que vous soumettiez ? Pas fous les juges ! Une telle photographie leur permet d'analyser instantanément la composition et la justesse des valeurs opposées dans l'ensemble, sans être leurrés par vos belles couleurs. Mais comment peut-on savoir si la luminosité des gris d'une photographie correspond à celle des couleurs originales d'un chef-d'œuvre ?

On aura compris que toute transposition de couleurs en noir et blanc peut causer des problèmes qu'il faut pouvoir résoudre (*figure 8.4*). Plusieurs œuvres

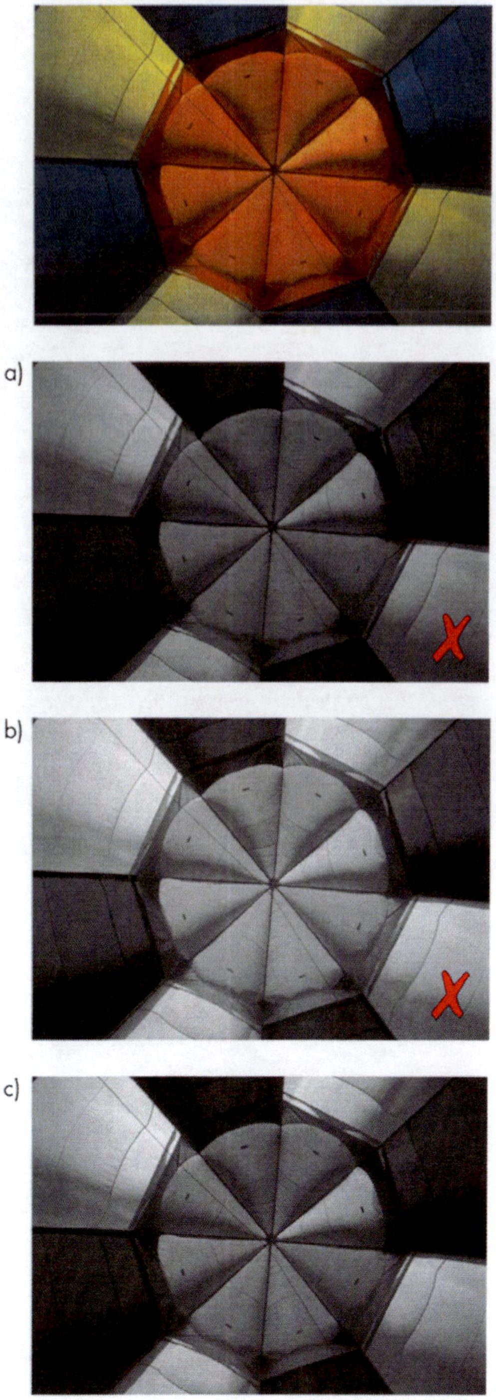

FIGURE 8.4 *Dans la transposition en noir et blanc de cette photographie couleurs, nous observons que les gris de l'illustration a) ne correspondent pas aux valeurs de l'image originale. Ceux de l'illustration b) sont trop délavés. L'illustration c) semble la plus juste bien qu'elle n'en demeure pas moins un compromis.*

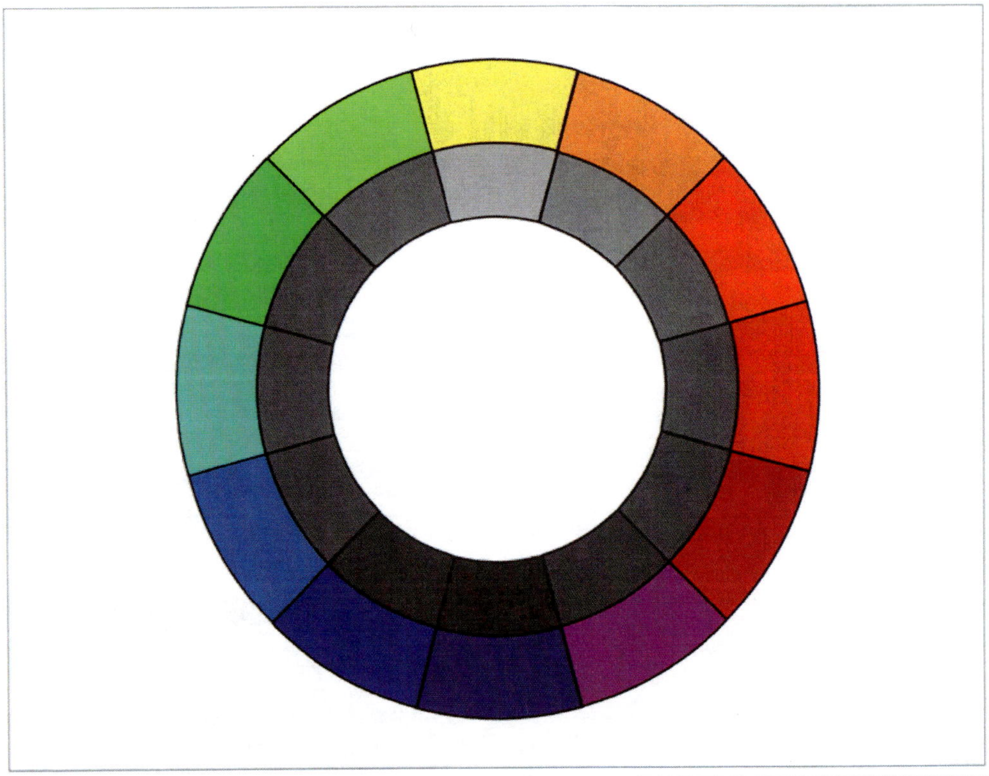

FIGURE 8.5 *Correspondance entre les couleurs du cercle chromatique et les gris selon leur valeur, c'est-à-dire leur luminosité.*

d'art connues, aux couleurs remarquables, ont subi un jour ou l'autre une mauvaise reproduction en noir et blanc, dont l'échelle des gris, par comparaison, était mal équilibrée et, partant, ne restituait pas les qualités propres de cette œuvre. (La plupart des logiciels permettent de transposer en noir et blanc une image en couleurs tout en conservant automatiquement l'équilibre des valeurs de l'original. Malgré cela, il est préférable de faire confiance à ses yeux.)

En arts graphiques et en photographie, les gris correspondent à la valeur, à la luminosité de chacune des couleurs du cercle chromatique interprétées en noir et blanc (*figure 8.5*). En théorie, la luminosité d'un gris doit être équivalente à celle de la couleur à laquelle il correspond dans l'ordre chromatique de Munsell. En pratique, et parce qu'on ne va pas tous devenir de grands savants de la couleur, il faut savoir que cette échelle peut fort bien être remplacée par ce merveilleux instrument que l'on nomme les yeux. On arrive généralement ainsi à très bien comparer la luminosité d'une couleur à celle du gris qui y correspond; simple question de perception.

LA COULEUR ET LA PERSPECTIVE

Leon Battista Alberti, célèbre architecte et peintre florentin de la Renaissance, a publié un traité qui a établi les bases connues de la perspective linéaire. Dans cet ouvrage, il a cependant fait abstraction d'un élément très important : la couleur. Si la ligne est la base de la perspective, et personne ne le conteste, la couleur peut l'accentuer, la fausser et parfois même procéder sans elle. De là l'importance de comprendre le rôle de la couleur dans la perspective, et cela n'est pas aussi simple qu'on le croit.

Prenons un paysage qui aurait en son avant-plan de gros arbres. Selon la logique visuelle, que nous appelons perspective aérienne, ces arbres seraient plus foncés que ceux des plans plus éloignés. Mais qu'adviendrait-il de leur couleur ? Si nous avions décidé au départ que leurs troncs seraient brun violacé, cela vaudrait pour les arbres des plans intermédiaires; en s'éloignant, ils pâliraient, selon leur éloignement, vers un gris à peine coloré; mais ceux de l'avant-plan auraient perdu toute trace de la couleur initiale qui serait foncée et saturée jusqu'à sa neutralité.

En fait, il y a trois façons d'utiliser la couleur pour créer l'effet de perspective : la perspective aérienne, dont nous venons de parler; la perspective chromatique, laquelle se fonde sur la luminosité intrinsèque des couleurs et sur l'utilisation des tons chauds et des tons froids; et le trompe-l'œil, un artifice de la perspective largement utilisé par les peintres.

9.1 LA PERSPECTIVE AÉRIENNE

Vous circulez par une journée ensoleillée sur une route panoramique. Les montagnes au loin vous semblent plus pâles que celles qui sont rapprochées. Pourtant il n'en est rien. Voici comment la chose s'explique : de fines gouttes d'eau en suspension dans l'air forment un filtre qui tamise la lumière, produisant ainsi un décalage de la luminosité entre chacun des plans, décalage proportionnel au taux d'humidité dans l'air. La brume légère en est l'exemple classique. Comment rendre la **perspective** d'une telle scène, qui correspond ici aux plans, c'est-à-dire à l'éloignement relatif des objets qui entrent dans la composition d'un tableau, d'une image ? En art **pictural**, sans recourir aux lignes convergentes, on obtiendra cet effet de profondeur en graduant proportionnellement les valeurs respectives des plans (*figure 9.1*).

Perspective *Art de représenter les objets sur une surface plane, de telle sorte que leur représentation coïncide avec la perception visuelle qu'on peut en avoir, compte tenu de leur position dans l'espace par rapport à l'œil de l'observateur.*

Pictural *Qui a rapport ou appartient à la peinture.*

C'est sur la perspective aérienne que repose la logique visuelle selon laquelle tout objet éloigné nous apparaît plus pâle qu'un objet en avant-plan. Ce phénomène

FIGURE 9.1 *Perspective aérienne dans laquelle les montagnes s'éloignent visuellement, conformément à la réalité. Elle reproduit l'illusion d'éloignement provoquée par les légères gouttes d'eau en suspension dans l'air qui tamisent la lumière et modifient notre perception des couleurs et de leur valeur dans les paysages réels. Les effets de brume dans le décalage des verts en aplats sont dus à l'effet Fechner* (voir la page 52).

est à l'occasion inversé par le passage d'un nuage qui, sans respect pour les règles, va projeter son ombre à l'arrière d'un paysage de manière parfois grandiose, surtout en automne. Les célèbres artistes-photographes Mia et Klaus ont su exploiter de façon spectaculaire cet aspect insolite de la lumière et de la couleur dans certaines de leurs œuvres.

UN EXEMPLE PARTICULIER

À l'aide des figures 9.2 et 9.3, tentons de comprendre le rôle des valeurs dans la perspective. Les traverses du côté gauche de la figure 9.2 provoquent une erreur de perception visuelle que l'on appelle aussi *illusion d'optique* : elles semblent grossir de bas en haut alors qu'elles sont toutes identiques comme celles du côté droit. Cette erreur de perception est engendrée par les lignes convergentes de la masse grise qui nous emmènent au loin. La logique visuelle veut en effet que les objets les plus éloignés nous apparaissent plus petits que les objets rapprochés. D'où la confusion. Voyons donc comment on peut atténuer cet effet en ajustant les valeurs des couleurs utilisées dans cette perspective linéaire selon les règles de la perspective aérienne.

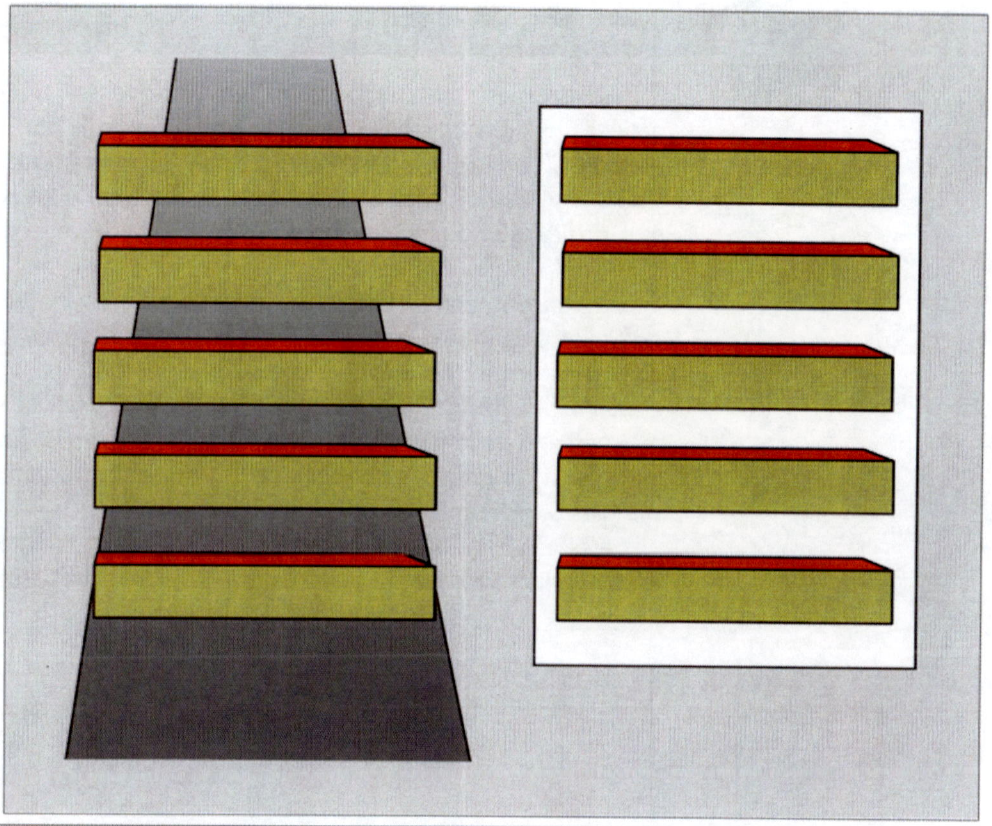

FIGURE 9.2 *Les traverses du côté gauche semblent grossir de bas en haut alors qu'elles sont toutes identiques comme celles du côté droit. Il s'agit là d'une erreur de perception engendrée par les lignes convergentes de la masse grise qui nous emmènent au loin. La logique visuelle veut que les objets les plus éloignés nous apparaissent plus petits que les plus rapprochés. D'où la confusion.*

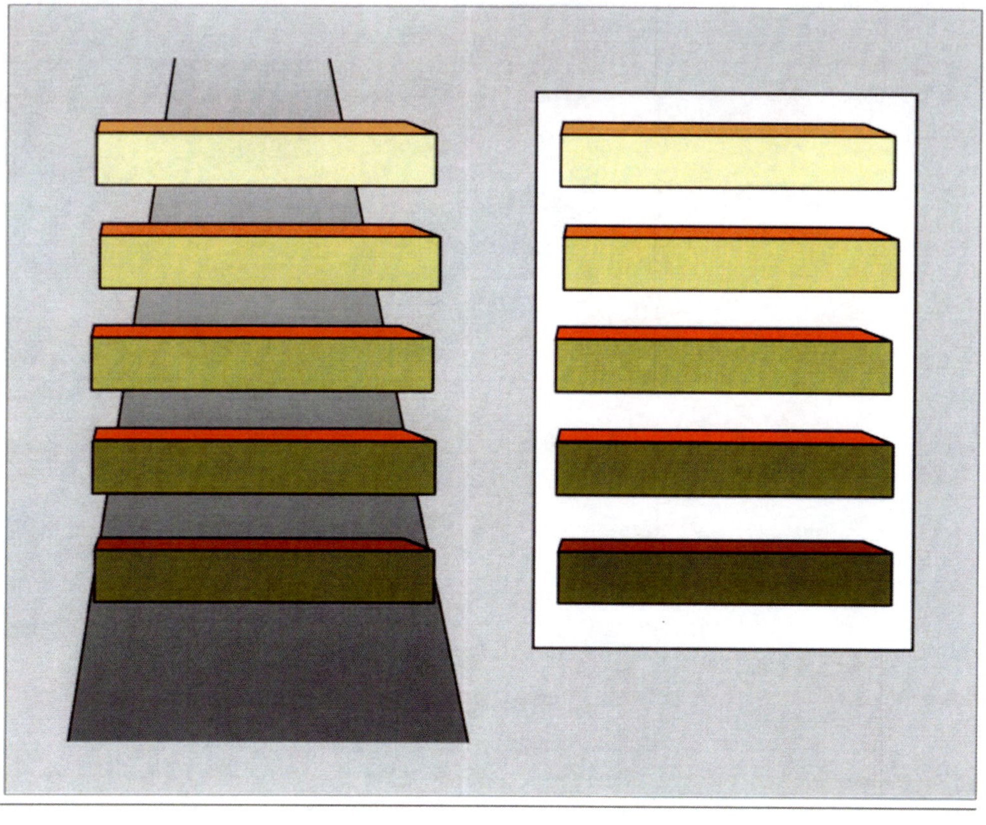

FIGURE 9.3 *Le simple fait de modifier les valeurs de chacune des traverses selon leurs plans respectifs atténue cette illusion sans toutefois la corriger. Il est intéressant de constater le mouvement avant-arrière des traverses dans le rectangle à droite, mouvement attribuable à la perspective aérienne.*

... de toutes les couleurs !

Observez bien. La perspective chromatique est un mouvement visuel avant-arrière qui s'établit d'abord par la couleur en soi, par sa luminosité ou sa valeur, de pâle à foncée. Constatez aussi que les tons chauds reculent et que les tons froids avancent. Notez que les couleurs, bien qu'elles soient identiques à gauche et à droite, semblent plus lumineuses sur fond noir; cela est dû à l'interaction.

Mais s'agit-il d'une authentique perspective chromatique ? Bien que cette illustration en contienne tous les éléments observables et analysables, elle n'en demeure pas moins ambiguë; le dessin des bandes de couleur en perspective axonométrique* en est la cause. Cette perspective nous montre les bandes de couleur sous des angles obliques inversés sans points de fuite, ce qui ajoute à leur mouvement avant-arrière et provoque une vive confusion sur notre perception visuelle, d'autant plus que les bandes noires accentuent cet effet par les ombres qu'elles suggèrent.

À titre d'expérience, reprenez ces mêmes couleurs en proportions égales et éliminez toute forme de perspective dessinée. Vous aurez tout compris.

* On notera que tout dessin construit à partir d'hexagones liés successivement produira cet effet. C'est la perspective axonométrique (dont la perspective isométrique fait partie) si chère à Vasarely et à Escher.

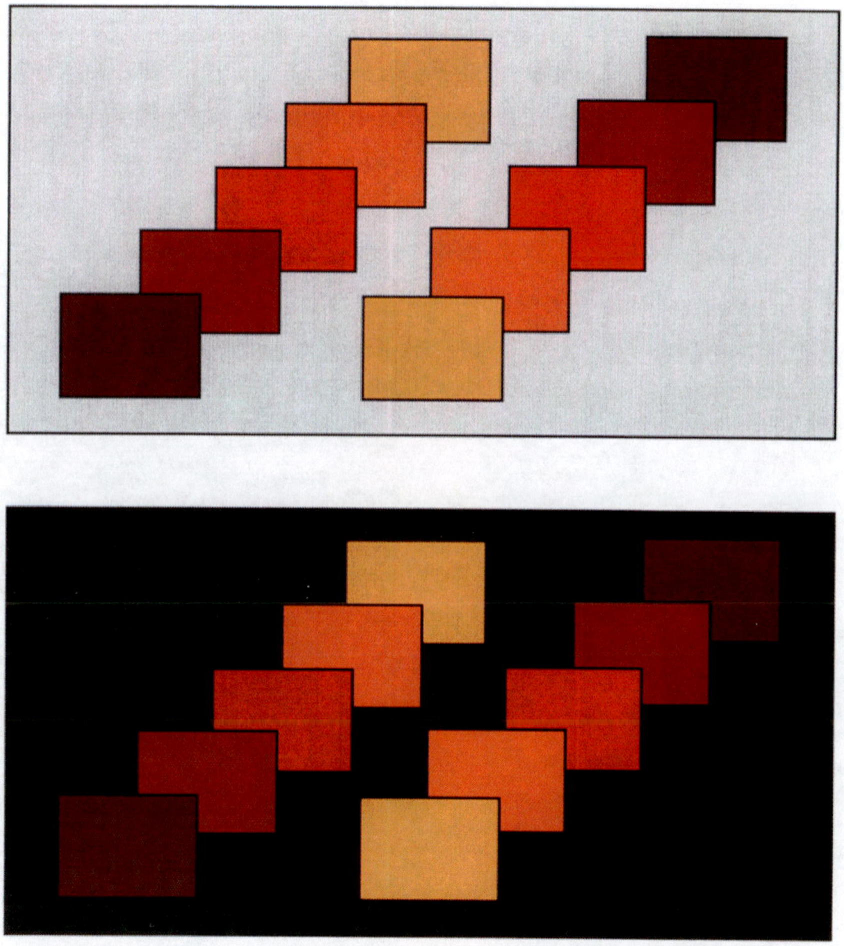

FIGURE 9.4 *Tous les carrés sont de mêmes dimensions et répartis sur cinq plans différents. En haut, à gauche, leurs valeurs graduées s'échelonnent du foncé au pâle, ce qui crée un effet de perspective. Cet effet est compromis à droite parce que les valeurs ont été inversées. Le carré le plus éloigné semble plus grand que celui du premier plan parce que sa pâleur va à l'encontre de la logique visuelle selon laquelle les objets les plus rapprochés sont les plus foncés. Sur fond sombre, en bas, l'inverse se produit. Ce sont les valeurs des carrés à droite qui sont justes. En dessin, cette perspective est dite cavalière, c'est-à-dire que le point de vue est rejeté à l'infini.*

9.2 LA PERSPECTIVE CHROMATIQUE

La perspective chromatique est un mouvement avant-arrière qui s'établit à partir des éléments suivants : les tons chauds opposés aux tons froids, la luminosité des couleurs juxtaposées et la couleur de l'arrière-plan, pâle ou foncée. Retenons que les tons chauds reculent, que les tons froids avancent et que, selon la logique visuelle, les couleurs foncées, donc moins lumineuses, correspondent aux plans rapprochés alors que les couleurs pâles correspondent aux plans éloignés. Notons également que les couleurs sur un fond noir semblent plus brillantes et plus pâles que celles appliquées sur un fond blanc; cela est attribuable à l'interaction.

La perspective illustrée à la figure 9.4 procède en partie de la perspective chromatique : elle est établie par la luminosité d'un même ton plus ou moins saturé et par l'interaction qui peut modifier notre perception de cette perspective selon que le fond est pâle ou foncé.

9.3 LE TROMPE-L'ŒIL

Trompe-l'œil *Artifice de la perspective. Peinture, décor qui donne l'illusion du relief de la réalité.*

Le **trompe-l'œil** est un artifice de la perspective qui consiste à donner aux objets un effet tridimensionnel par la couleur, les ombres et la lumière, sans recourir à la perspective linéaire. L'illustration de la figure 9.5, dont les couleurs ont été traitées en aplats parfaits opposés les uns aux autres selon leur qualité, en est un très bel exemple. Quant aux couleurs de la figure 9.6, elles sont d'une tout autre nature : elles sont composées de brillantes couleurs dégradées qui se fusionnent sur de fines bandes horizontales superposées. L'illusion créée par ce trompe-l'œil est saisissante.

FIGURE 9.5 *Aucune ligne de perspective dans ce paravent. Seules les couleurs, leur luminosité et leur saturation nous le font percevoir comme s'il était en trois dimensions.*

FIGURE 9.6 *La gradation des couleurs et leur luminosité provoquent ici des effets de trompe-l'œil impressionnants. Ces bandes horizontales sont de mêmes largeurs et parfaitement parallèles. Néanmoins, elles semblent se rétrécir ici et là, formant de belles ondulations. Elles creusent dans l'ombre pour réapparaître dans la lumière.*

LA COULEUR VUE PAR L'ORDINATEUR

De nombreux ouvrages, à commencer par les manuels d'instructions qui accompagnent les logiciels, sont mis à la disposition des créateurs en infographie. Ils couvrent largement tous les aspects du traitement d'image avec tout ce que cela comporte de données techniques et scientifiques. Nous nous en tiendrons donc ici à l'essentiel des connaissances de base qui se rapportent à la couleur.

Pour concrétiser des idées et les visualiser, il n'y a pas de moyen plus rapide et efficace que l'infographie. C'est un outil fabuleux au service de la créativité, mais il comporte certains dangers en raison de son aspect magique; aucun logiciel n'inculque le talent et le savoir. La couleur obéit toujours aux mêmes lois, qu'il s'agisse de crayons à colorier ou de techniques très sophistiquées. En terme de possibilités, l'ordinateur est capable de tout (*figure 10.1*); nous en survolerons quelques-unes pour le simple plaisir de les découvrir et de comprendre leur utilité : palette sécuritaire, conflit entre les couleurs-lumière de l'écran et les couleurs-matière de l'imprimante et de l'imprimerie. Nous verrons aussi ces merveilleuses textures dont les couleurs sont parfois à modifier. Nous découvrirons que l'ordinateur peut faire outrage à la couleur comme aucun autre médium… mais est-ce bien l'ordinateur qui est coupable ?

FIGURE 10.1 *Dégradés, effets graphiques, textures, bordures; l'ordinateur n'a pas de limites. L'illustration ci-contre nous donne un mince aperçu de ce que l'on peut obtenir d'un simple clic.*

FIGURE 10.2 *À partir d'une simple photographie, l'ordinateur permet de créer une gamme incroyable d'effets, de couleurs et de textures. Ces exemples en montrent quelques possibilités.*

10.1 ANALYSE DES POSSIBILITÉS

Synthèse additive, synthèse soustractive, dégradés, aplats, palettes variées, tons purs, tons composés, chartes, espaces colorimétriques, quadrichromie : pour créer sur ordinateur, nous devons faire appel à toutes nos connaissances sur la couleur.

De nombreux outils sont également mis à notre disposition : pinceaux de toutes les formes, **aérographe** et plumes auxquels viennent s'ajouter les **textures**, les formes géométriques, les effets de perspectives, sans oublier les caméras numériques ! Il y a de quoi faire rêver les graphistes et les designers qui devaient auparavant mettre des jours de travail pour atteindre des résultats moindres. La figure 10.2 donne un aperçu des traitements d'image que permet l'infographie.

Aérographe *Pulvérisateur à air comprimé dont on se sert pour projeter de la couleur ou de l'encre.*

Texture *Arrangement, disposition des éléments d'une matière.*

10.2 LES CONNAISSANCES DE BASE

On l'a dit, la création sur ordinateur exige de faire appel à toutes ses connaissances de la couleur. Voici les principaux éléments à prendre en compte :

- Les couleurs apparaissant à l'écran du moniteur proviennent de la lumière, donc de la synthèse additive : RVB (rouge, vert, bleu). Elles sont composées de **pixels**,

Pixel *Le plus petit élément d'image, composé de trois points de couleur (rouge, vert et bleu) qui varient selon l'intensité.*

Les dangers de l'informatique

La magie de l'informatique ne doit jamais nous faire oublier les règles fondamentales qui régissent les applications de la couleur. Nous subissons trop souvent cet arrière-plan jaune criard qui annule complètement le magnifique design d'un emballage ou encore cet aplat rouge vif qui vient compromettre, par interaction, les couleurs somptueuses d'une photographie. Prenez le temps de regarder et de comparer des revues et des brochures publicitaires. Vous aurez vite fait de distinguer les vrais coloristes de ceux et celles qui compensent leur manque de connaissances ou de talent en multipliant les textures, les superpositions hasardeuses, les dégradés inutiles et les caractères typographiques éclatés de couleurs qui n'ont rien à voir avec l'ensemble.

petits points lumineux que l'on ne peut percevoir à l'œil nu. D'un écran à un autre, les couleurs peuvent différer. Cela dépend du calibrage toujours plus ou moins juste des couleurs.

- Dès que l'on transfère une image de l'écran à l'imprimante, elle est interprétée en synthèse soustractive (matière). Les couleurs RVB sont alors converties en pigments CMJN (cyan, magenta, jaune, noir), ce qui entraîne la modification de certaines couleurs. De là la différence souvent décevante entre l'image à l'écran et celle reproduite par l'imprimante.

Charte *Tableau montrant un ensemble de couleurs.*

- Les **chartes** de couleurs mises à notre disposition selon les logiciels utilisés se rapportent à l'une ou l'autre des deux synthèses. Ainsi, les concepteurs de sites Web et tous ceux qui travaillent pour des médias électroniques doivent toujours utiliser les chartes de couleurs correspondant aux rouge, vert, bleu. Quant aux artistes en arts graphiques, ils doivent se servir des chartes cyan, magenta, jaune, noir ou de celles, comme Pantone, qui correspondent aux systèmes des mélanges utilisés par les imprimeurs.

- Les textures et les surfaces spéciales de la plupart des logiciels sont composées à partir des couleurs-lumière RVB, ce qui convient pour des applications électroniques tels les pages Web et les vidéos. Cependant, elles comportent souvent des erreurs d'harmonies et d'intégration pour la simple raison qu'elles sont foncées avec du noir, ce qui salit les couleurs. La boîte de dialogue de ces textures et surfaces indique de quelles couleurs elles sont composées. On peut alors les modifier en recourant aux chartes de couleurs hexadécimales ou à toute autre palette conçue en mode RVB, ce qui est relativement simple. Mais ne confondons pas les choses : dès qu'un travail est conçu pour l'imprimante ou l'imprimerie, ces règles ne s'appliquent plus. Nous passons alors en couleurs-matière, donc en synthèse soustractive. Par conséquent, les couleurs seront composées en CMJN ou à partir des chartes utilisées par les imprimeurs.

10.3 LA PALETTE SÉCURITAIRE

Lorsqu'il s'agit de concevoir une image pour un site Web, il est recommandé d'utiliser une palette dite sécuritaire de 255 couleurs. En infographie, ces couleurs se mesurent de 0 à 255, le 0 correspondant au blanc et le 255 à la couleur pure de chacune des couleurs primaires RVB (*figure 10.3*). Les concepteurs de sites et de pages Web ont intérêt à utiliser cette échelle pour une raison technique

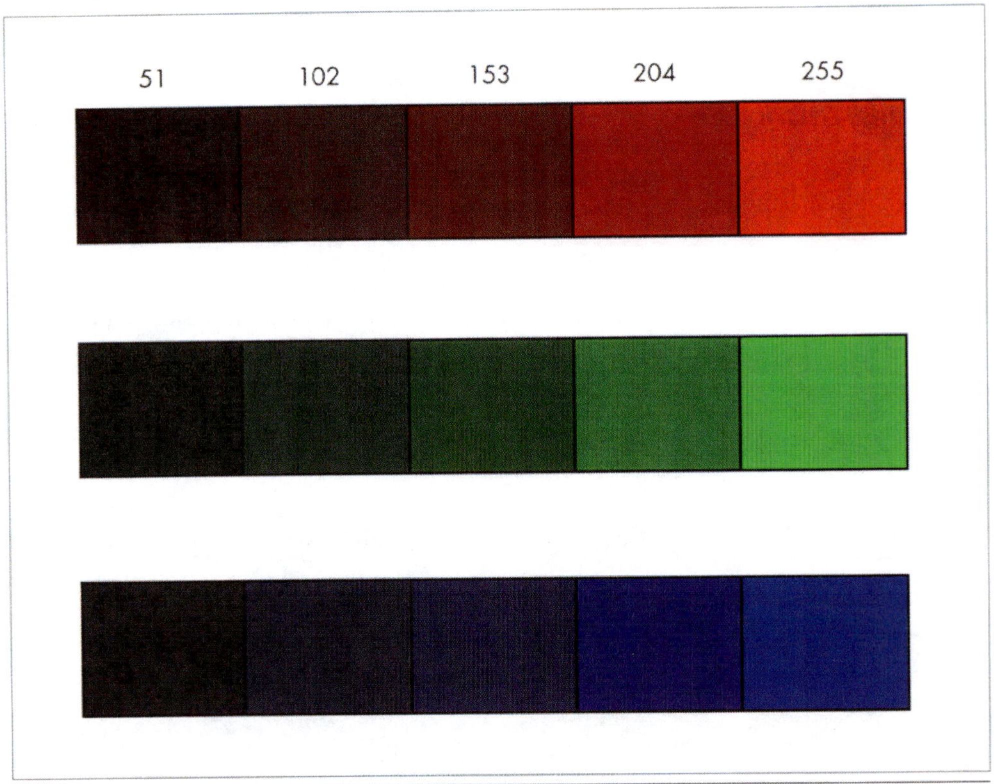

FIGURE 10.3 La palette sécuritaire. Le nombre 255 est utilisé pour désigner chacune des couleurs pures de la palette sécuritaire, soit le rouge, le vert et le bleu. Les autres nombres (204, 153, 102 et 51) correspondent à la saturation de chacune de ces couleurs pures vers sa neutralité. Si vous allez dans la boîte de dialogue de composition des couleurs et que vous indiquez par exemple R102, V0 et B0, vous retrouverez la couleur rouge telle que montrée sous 102. Il en va ainsi pour les autres couleurs.

évidente : tous les internautes n'ont pas des ordinateurs de même puissance. Elle permet en effet à tout le monde d'ouvrir la page ou le site avec ses couleurs d'origine. Or, un ordinateur à 24 bits peut reproduire fidèlement des millions de couleurs, alors qu'un appareil de 8 bits ne peut en reproduire que 256. Il peut donc y avoir perte de couleurs à l'écran étant donné que celles-ci sont composées de pixels[1]. Certains logiciels ont une fonction qui prépare les images destinées à un site Web; cette fonction analyse l'image pour en extraire une palette de 255 couleurs, rendant ainsi la palette sécuritaire.

10.4 L'ORDINATEUR, L'IMPRIMANTE ET L'IMPRIMERIE

Vous venez de vous procurer un appareil-photo numérique d'assez bonne qualité, vous tirez des photos de tout ce qui bouge et vous avez hâte de les voir. Vous les regardez à l'écran; elles sont splendides. Vivement, vous imprimez celle de bébé qui est tellement beau. Surprise ! Bébé semble avoir pris un coup de soleil : sa tête vient de tourner au rose fluo. Voyons pourquoi. Les couleurs de la photographie ont été numérisées en mode RVB par votre appareil-photo, et l'écran procède de la même synthèse additive; il y a donc parfaite compatibilité. Cependant, ce n'est pas le cas de votre imprimante qui transpose tant bien que mal ces couleurs-lumière en couleurs-matière. Bref, vous n'obtiendrez jamais les couleurs que vous voyez à l'écran sur la sortie papier de l'imprimante.

1. Certaines commandes permettent de modifier la composition des pixels pour obtenir des teintes et des nuances intermédiaires. Ainsi, un vert mélangé à des pixels blancs donnera un vert plus pâle. Ce procédé en est un de tramage qui n'est guère recommandé.

Quand il s'agit de produire un travail professionnel en infographie pour l'imprimerie, la situation est tout autre. Nous ne parlons plus de l'imprimante maison; nous en sommes même très loin. Idéalement, les photographies sont numérisées par des spécialistes hautement qualifiés qui travaillent avec des instruments complexes et sophistiqués, ce qui leur permet de convertir les couleurs RVB en CMJN de manière parfaite. De leur côté, les concepteurs graphiques composent leurs couleurs en pourcentages cyan, magenta, jaune et noir, ou encore à partir de chartes utilisées par les imprimeurs et dont on retrouve l'équivalence dans la plupart des logiciels de dessin (Pantone, par exemple).

COULEURS COMPOSÉES PAR ORDINATEUR

La figure 10.4 présente une gamme chromatique composée par ordinateur. Dans cette charte, il y a 60 % de jaune sur tous les carrés. Les teintes et les nuances y ont été obtenues par la superposition des trames de chacune des trois couleurs selon leurs valeurs proportionnelles. L'ordre *jaune, magenta, cyan* qui apparaît en haut de la figure est celui de l'imprimerie. Mais comment savoir si ces couleurs sont justes ? De quoi auront-elles l'air une fois imprimées ? Peut-on se fier à ce que l'on voit à l'écran du moniteur ? Autant de questions auxquelles on doit répondre. Parlons d'abord des écrans qui sont notre première référence visuelle : considérons qu'ils sont très différents les uns des autres et que leur qualité peut varier selon les fabricants. Soulignons qu'un écran aux couleurs bien calibrées peut nous faciliter la tâche.

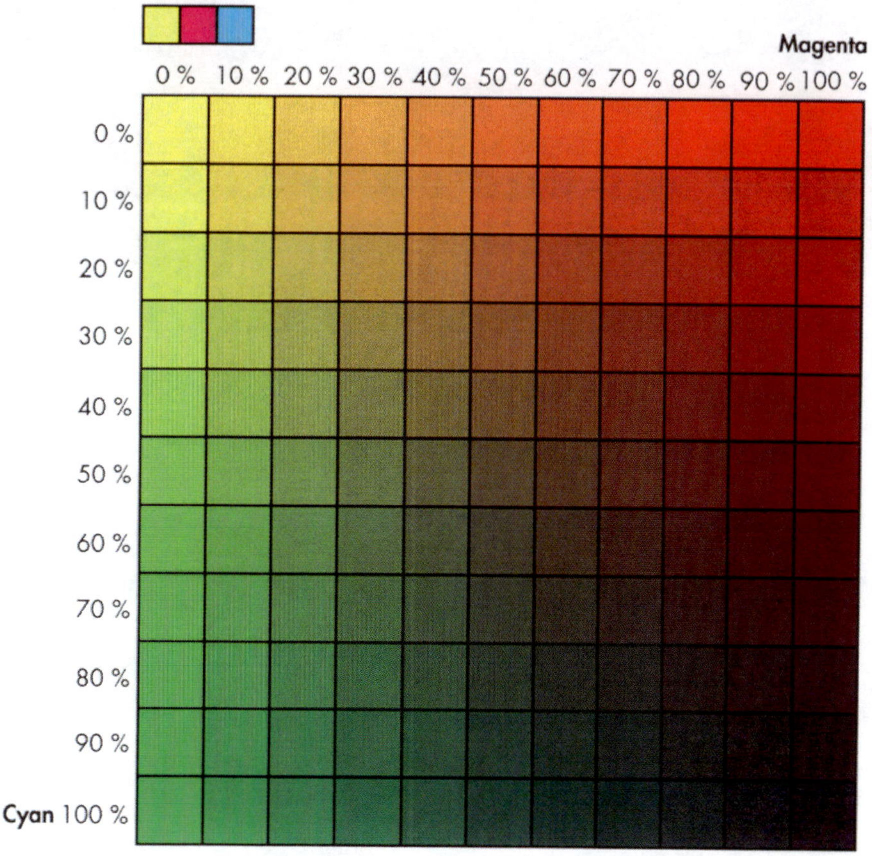

FIGURE 10.4 *Charte de couleurs composées par ordinateur. Tous les carrés sont composés de 60 % de jaune.*

CALIBRAGE DE L'ÉCRAN

Pour calibrer un écran, on peut utiliser la fonction de calibrage du logiciel de traitement d'image.

- On se procure une page imprimée d'un travail fait antérieurement, on visualise cette même page à l'écran et on compare la page imprimée et l'image à l'écran; on ajuste l'écran à partir de cette copie.
- On peut aussi le faire à partir des pourcentages de cyan, magenta et jaune qui conviennent et d'échantillons de ces couleurs de base sur papier glacé ou mat.

On doit cependant se rappeler que le calibrage des couleurs à l'écran, même assez juste, ne reste qu'une indication approximative de la réalité, et que cette opération doit être reprise fréquemment, idéalement chaque fois que l'on commence un travail destiné à être imprimé suivant des spécifications différentes (type de papier, procédé d'impression, etc.). Il ne faut pas oublier non plus que les sorties papier à l'imprimante seront de qualité moindre que le tirage à imprimerie.

Alors, sur quoi peut-on se fier pour être certains des couleurs ? Le seul moyen sûr est de composer à l'ordinateur ses couleurs avec celles de la quadrichromie en se référant aux pourcentages indiqués dans une charte déjà imprimée selon ce procédé d'impression, selon des normes universelles, sur papier mat ou glacé. Une charte de ce type comprend une palette de milliers de couleurs et de nuances qui correspondent à tous les besoins des créateurs en infographie. C'est la seule façon d'éviter les surprises désagréables lors de l'impression. (Les couleurs des illustrations de ce livre ont été composées à l'ordinateur à partir de la charte *Postscript Process Color Guide* publiée par AGFA.)

TROISIÈME PARTIE

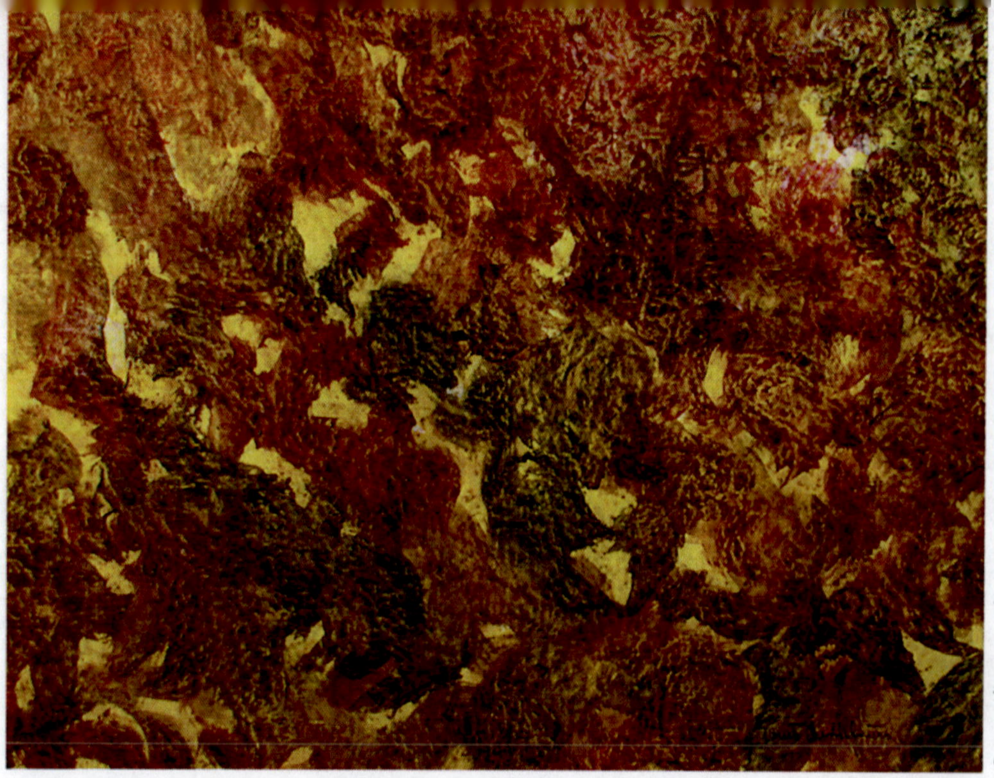

Songe d'un jour d'automne. Huile sur toile, 1999, 60 cm × 80 cm.

Cette grande symphonie du jour, qui est l'éternelle variation
de la symphonie d'hier, cette succession de mélodies,
où la variété sort toujours de l'infini,
cet hymne compliqué s'appelle la couleur.

CHARLES BAUDELAIRE

DERNIÈRE TOUCHE !

- S'initier à la psychologie et à la symbolique de la couleur.
- Différencier les sept contrastes de couleurs.
- Faire les liens adéquats entre médiums et supports.

On a tous entendu parler un jour ou l'autre de la psychologie de la couleur. Bien qu'il soit évident que la couleur affecte les comportements humains, et ce, depuis la nuit des temps, aucune recherche sérieuse en psychologie n'a permis d'établir de liens précis entre un comportement et une couleur. Nous verrons cependant que la palette de tout artiste est forcément subjective et correspond souvent à ses états d'âme inconscients. Son choix de couleurs reflète sa personnalité et provoque des émotions chez les spectateurs. Nous verrons également que la symbolique de la couleur est beaucoup plus facile à cerner parce qu'elle est culturelle. Par contre, qui dit culture dit peuples, nations et différences, toutes des réalités complexes.

Avez-vous remarqué ? Chaque fois que quelqu'un parle d'un tableau de Rembrandt, il y accole le contraste clair-obscur. En fait, il n'est pas toujours facile de différencier les contrastes, et malheureusement ce sujet n'intéresse guère les artistes. Alors pourquoi s'y arrêter ? Pour comprendre ce que l'on fait et ce que font les autres. L'identification des contrastes est en effet l'un des éléments de base de l'analyse picturale. Il est donc important de consacrer le temps nécessaire à cet aspect de la couleur, ne serait-ce que pour ajouter à sa culture.

Toiles, cartons, papiers, fusain, huile, acrylique, crayons gras pastels, aquarelle. Mais non, il n'est pas question ici du catalogue de votre fournisseur de matériel d'artiste préféré. Il s'agit plutôt d'un survol qui nous permettra, surtout au début, de nous y retrouver plus facilement devant toute cette panoplie de produits à l'usage des créateurs. Les supports et leurs différents usages retiendront particulièrement notre attention.

À nos chevalets ! Le moment est venu de manier la couleur en sachant ce que nous faisons.

COULEUR, PSYCHOLOGIE ET SYMBOLIQUE

Les couleurs agissent sur l'âme, elles peuvent y exciter des sensations, y éveiller des émotions, des idées qui nous agitent et provoquent la tristesse ou la joie.

GOETHE

L'être humain a toujours réagi à la couleur. Personne ne met cette réalité en doute. Mais quelles couleurs entraînent des réactions ? Quelles sont ces réactions ? Les recherches contemporaines en psychologie apportent-elles des réponses à ces questions ? La signification symbolique des couleurs est-elle universelle ? Quel est le rôle de la couleur dans la vie pratique des sociétés ? Tentons d'apporter ici quelques éléments de réponse.

11.1 LA COULEUR ET LES COMPORTEMENTS

Il est parfois hilarant de lire certains textes d'époque concernant l'influence des couleurs, du rouge par exemple, sur le comportement humain. Voyons ce que disaient les sœurs de Sainte-Croix dans leur manuel sur la couleur (1928) :

> *Pourquoi le dindon et le taureau s'emportent-ils si fort à la vue du rouge, si ce n'est par sa vertu excitante sur l'œil ? Il est donc à conseiller d'épargner aux personnes nerveuses des décorations d'intérieur en des tonalités chaudes.*

Walter L. Brown, psychiatre-clinicien, dans son livre *Introduction to Psycho-Iconography* (1967), décrit un dessin en couleurs de l'une de ses patientes en donnant à chacune de ces couleurs une signification précise :

- bleu céleste du ciel : immortalité;
- bleu-violet : noblesse patricienne;
- vert : vitalité et croissance;
- rouge : apathie et sang;
- noir : mort.

Mais d'où proviennent ces significations ? De quelles recherches précises, documentées et reconnues par la communauté scientifique, relèvent-elles ?

Les journaux et revues contribuent également à faire croire en l'existence d'une relation universelle entre la couleur et les comportements. Ainsi, dans divers articles parus il y a plusieurs années, on prétendait que le fait de manger dans une pièce peinte en orangé facilitait la digestion. Beaucoup ont d'emblée cru à la véracité de cette affirmation ! Certes, l'orangé peut être une couleur agréable pour ceux et celles qui aiment cette teinte, mais de là à avoir des vertus sur le système parasympathique…

En fait, la plupart des recherches contemporaines menées par des psychologues sur la couleur concernent la perception. L'idée d'établir une corrélation entre la couleur et les comportements humains a pratiquement été abandonnée. Mais pourquoi ? En grande partie à cause des nombreuses contradictions qui ressortent de tous les travaux sur d'éventuelles relations entre psychisme et couleur. Tout cela sans compter qu'il n'y a pas deux personnes qui perçoivent ou réagissent de la même façon à telle ou telle teinte. On peut alors se demander à quoi rime la colorothérapie qui, selon ses adeptes et ses défenseurs, fait tant de bien à tant de gens. Le seul fait que l'on s'occupe de la souffrance de ces gens en leur proposant des activités qui les intéressent et les font sortir d'eux-mêmes agit sans aucun doute comme un placebo[1]. Il n'y a aucune autre explication qui vaille dans ce cas.

> *En France, l'Institut national de la santé et de la recherche médicale a fait état d'une possible accélération du rythme cardiaque en présence d'un environnement monochromatique. Peu de temps après, des chercheurs américains contredisaient complètement ces résultats. Qui plus est, des laboratoires européens de psychologie expérimentale ont abandonné toutes recherches en ce sens parce que les paramètres antagonistes et souvent contradictoires relatifs à la couleur rendent impossible la mise sur pied d'un protocole fiable*[2].

En bref, il n'existe aucune charte psychologique sérieuse des couleurs.

11.2 COULEURS ET ÉMOTIONS

On le sait, la couleur utilisée dans une œuvre d'art permet d'exprimer la joie, le chagrin, l'amour, la haine. Les créateurs en arts visuels l'abordent toujours à leur façon et selon les émotions qui leur sont propres. La perception de toute personne qui regarde une image ou un tableau est elle aussi subjective. Mais qu'est-ce qui provoque l'émotion ? La couleur en soi ou l'harmonie des couleurs ?

SUBJECTIVITÉ DANS LE CHOIX DES COULEURS

Forme *Manière dont les moyens d'expression sont organisés en vue d'un effet esthétique.*

Plastique *Se dit de la représentation esthétique des corps, des objets.*

Forme, couleur et mouvement sont les trois éléments de base de tout tableau ou illustration. La couleur, associée à la forme, c'est-à-dire à la structure expressive, **plastique** de l'œuvre d'art, y joue un rôle prédominant. En effet, le choix des couleurs des artistes est toujours subjectif à moins qu'ils ne soient assujettis, en tant que graphistes ou designers, aux exigences des clients. Voyons quelques exemples des émotions que leurs couleurs peuvent susciter.

- La santé, la bonne humeur et la joie de vivre qui se dégagent des tableaux de Renoir sont attribuables à sa palette.

1. Un placebo n'a pas d'efficacité thérapeutique, mais il peut agir par un mécanisme psychologique si la personne fait confiance à ce traitement.
2. Propos de Philippe Fagot recueillis par Gérard Chevalier, « Les multiples sens de la couleur », *Science et Vie*, n° 186, Hors série, mars 1994.

- Goya exprime les horreurs de la guerre par des noirs, des bruns, des ocres qu'il oppose violemment à des blancs et des jaunes; la moindre petite tache rouge dans un tel ensemble prend tout son sens.
- Picasso, dans *Guernica*, a choisi une gamme de gris colorés et de noirs pour dénoncer la monstruosité de la guerre. Il a évité le rouge qui aurait forcément été associé au sang dans ce cas. On reconnaît là l'intelligence et la force d'un grand artiste qui fuit la facilité.
- Selon certains, Léonor Fini, peintre surréaliste, révèle dans sa peinture des « prédispositions féminines » à l'angoisse et à l'ambiguïté[3]. Dans son tableau *Colloque minéral*, peint en 1960, l'artiste, par ses associations de couleurs sombres à l'arrière-plan en contraste avec des tons lumineux tels le vert et le rose violacé des deux personnages, crée précisément une atmosphère d'angoisse et de questionnement à laquelle on ne peut échapper. Il s'agit là d'un tableau impressionnant et envahissant s'il en est.
- Van Gogh nous a légué sa passion de la couleur; toute la beauté de la vie émane de ses jaunes et de ses bleus provençaux. Cessons de chercher dans sa palette son oreille coupée et son suicide. Van Gogh était d'abord un coloriste avide de comprendre la lumière et de découvrir de nouvelles harmonies. Sa correspondance avec son frère Théo en témoigne largement.
- Que dire de Miró et de ses couleurs vives, parfois en contraste sur fond noir, qui sont en soi des hymnes à la joie de vivre, de rire et de chanter !
- Georges Mathieu, peintre français, a créé une superbe série d'affiches pour un transporteur aérien. À partir de la seule couleur, sans recourir à des éléments figuratifs, cet artiste hors du commun nous emmène vers toutes les destinations desservies par cette société. Nous voici à Londres, Paris, Madrid ou Rome par la simple puissance expressive de la couleur.

HARMONIES DE COULEURS ET ÉMOTIONS

Quelqu'un entre dans l'atelier d'un peintre, regarde les tableaux qui y sont accrochés et fond soudainement en larmes. Qu'est-ce qui provoque une telle émotion ? Le sujet ? Les couleurs ? La lumière ? Et si le tableau est une pure abstraction ? Il ne reste alors que les couleurs qui, comme le disait Goethe, agissent sur l'âme, excitent des sensations, éveillent des émotions et provoquent la tristesse ou la joie.

Le rose de l'atrocité

Dans le film *La liste de Schindler* de Spielberg (1993), on a pu voir comment la couleur peut provoquer une émotion insupportable. Le film est en noir et blanc; seul le manteau rose d'une petite fille apparaît en couleur. Le film se poursuit en noir et blanc jusqu'à la séquence dans laquelle on revoit ce manteau en rose sur un amoncellement de vêtements sales. Un sentiment d'horreur nous envahit. Les S.S. ont assassiné l'enfant. La couleur vient de jouer un de ses plus grands rôles à l'écran. Peut-on dire pour autant que le rose provoque en soi un sentiment d'horreur ? Bien sûr que non ! C'est ce contexte précis qui provoque l'émotion.

3. Ces propos proviennent de l'ouvrage *L'art et le monde moderne*, sous la direction de René Huyghe et de Jean Rudel, Paris, Larousse, 1970.

... de toutes les couleurs !

On dit que les Québécois aiment le bleu. Tous les Québécois ? Sûrement pas ! Montrez ces trois illustrations à quelqu'un et demandez-lui quelle est sa couleur préférée; cette personne répondra peut-être « le mauve ». « Mais pourquoi le mauve ? » lui demanderez-vous, pour l'entendre vous répondre dans la plupart des cas : « Parce que j'aime ça ! » Demandez-lui ensuite ce qu'elle ressent devant sa couleur préférée. Vous pourrez constater par vous-même qu'il est très difficile de déterminer quelle émotion suscite une couleur en particulier.

Nous avons vu que la couleur permet aux grands peintres de créer des œuvres d'une grande intensité émotive, et ce fait est reconnu universellement. Alors, pourquoi n'arrive-t-on pas à déterminer le rôle d'une couleur précise dans le comportement des gens, à établir le lien entre psychisme et couleur ? Probablement parce que ce sont les harmonies qui suscitent des émotions. Personne ne va pleurer ou rire en regardant une surface colorée uniquement de rouge.

Vous êtes assis dans le hall d'entrée d'un grand hôtel. Vous vous sentez bien et vous éprouvez la sensation nouvelle d'être quelqu'un qui a réussi ou qui est en train de réussir sa vie. Vous rêvez. Il y a de fortes chances que cette attitude soit provoquée par les couleurs somptueuses qui vous entourent : un bleu rompu plutôt sombre est associé à un vert intermédiaire dans lequel on sent un peu de violet; les boiseries en acajou se marient parfaitement aux autres couleurs dont celles de quelques coussins bleu pâle ou vert émeraude. La superbe harmonie de ces couleurs composées, créée par une coloriste de talent, explique sans doute votre état d'âme.

Vous passez la soirée chez des amis. Vous mangez dans une pièce dont les murs sont jaune or et dont les tentures sont brunes et orangées. La couleur de la moquette est plus foncée que celle des murs, mais elle n'est pas juste. Votre hôte a choisi de dresser la table avec une nappe bleu-vert et de la vaisselle d'un gris violacé. Vous parlez beaucoup, vous parlez fort et vous regardez votre montre à toutes les cinq minutes. Vous voulez fuir cet endroit insupportable. Pourquoi ? Cette harmonie douteuse vous énerve et vous rend agressif. Pourtant, les gens qui vous reçoivent vivent dans cet environnement et s'en trouvent très bien. Pourquoi ? On aura beau écrire partout que le jaune entraîne la joie et la cordialité, vous n'en avez rien à faire. Vous aimez les tons composés, presque neutres. Leurs goûts sont à la mode, dira-t-on. Tiens donc ! Voilà un autre élément qui se met de la partie : la mode des couleurs qui se démodent très rapidement... N'essayez pas de répondre à ces questions. Même si vous y arrivez, il se trouvera toujours quelqu'un dont les réponses et les hypothèses seront complètement différentes des vôtres.

11.3 SYMBOLIQUE DE LA COULEUR

La couleur a toujours joué un rôle symbolique de première importance. Il y a des généralités que tout le monde connaît : le rouge est synonyme de passion; le vert symbolise l'espérance; le blanc, la pureté; le noir, la mort; le jaune, la lumière. Cependant, cette perception symbolique varie considérablement selon les époques, les religions et les cultures. Nous pourrions citer des milliers d'exemples de couleurs utilisées comme symboles à travers les âges, mais nous nous limiterons ici à quelques-uns.

En France, depuis la proclamation de la Ire République en 1792, le bleu, le blanc et le rouge sont les couleurs de l'emblème national, le drapeau tricolore. Au Québec, ces mêmes couleurs ont une signification populaire en lien avec le sport; elles identifient l'équipe la plus célèbre de la Ligue nationale de hockey : le Canadien de Montréal, que l'on se plaît aussi à appeler le Tricolore ou le Bleu-Blanc-Rouge.

À l'opéra chinois, et cela est plutôt surprenant pour des Occidentaux, le maquillage rouge symbolise le courage, alors que le blanc représente la malhonnêteté.

Il y a aussi des couleurs qui symbolisent les fêtes ou des événements. En Amérique, le rouge et le vert sont associés à Noël, le jaune et le violet à Pâques, l'orangé et le noir à l'Halloween. Dans certains pays d'Europe et d'Asie, le blanc est associé au deuil, alors qu'au Québec c'est le noir qui joue ce rôle.

Depuis longtemps, de nombreux auteurs se penchent sur la symbolique de la couleur. On entend d'ailleurs régulièrement, à la télé ou à la radio, des gens qui prétendent en expliquer la signification. Certains d'entre eux vont même jusqu'à développer des théories plus ou moins fumeuses en s'appuyant sur la notoriété et le sérieux de leur profession : psychothérapeutes, pédagogues, philosophes, etc. Il faut toujours garder un esprit critique à cet égard et se méfier des théories sans fondement scientifique. D'ailleurs, peu importe la signification que l'on donne aux couleurs, il n'en demeure pas moins que cette symbolique est d'abord et avant tout reliée à une époque, à une culture ou à une croyance et qu'elle n'a par conséquent jamais de sens universel.

11.4 COULEURS ET CONVENTIONS

Malgré l'affiche interdisant de fumer dans une section d'un restaurant, les gens ne se conformaient pas à cet avis. Cette affiche présentait pourtant le pictogramme habituel de l'interdiction : cercle et barre oblique superposés à une cigarette. Alors pourquoi ce refus de se conformer ? C'est que le cercle et la barre oblique avaient été imprimés en vert, couleur qui symbolise l'autorisation dans la signalisation routière. Comme le montre cet exemple, certaines couleurs font partie des conventions sociales et font de ce fait appel à nos réflexes conditionnés. De la même façon, des couleurs sont liées à d'autres conventions (culturelles, religieuses, etc.). Le tableau 11.1 présente la signification des différentes couleurs utilisées dans la signalisation routière en Amérique.

Pour conclure, on ne peut nier que la couleur influe sur le comportement de tous les individus et que nous y sommes soumis. On crierait au scandale à la vue d'un corbillard rouge; personne ne pourrait vivre longtemps dans un environnement de couleur fluorescente; il ne viendrait à aucun graphiste l'envie de choisir le gris-vert pour créer un emballage de pain ou à un éclairagiste de projeter une lumière verte sur les viandes du supermarché. Il s'agit là de gros bon sens plutôt que de psychologie. Espérons qu'un jour les spécialistes de la perception et du comportement trouveront des réponses à toutes ces questions relatives à la couleur; pour l'instant, nous sommes dans le noir presque total.

TABLEAU 11.1 *Signification des couleurs dans la signalisation routière en Amérique.*

Couleur	Signification
Vert	Autorisation – Aucun danger
Rouge	Danger imminent et interdiction
Orangé	Danger inhabituel ou temporaire – Travaux routiers
Noir	Information – Message
Jaune	Danger possible
Bleu	Information particulière

LES SEPT CONTRASTES : SAVOIR LES RECONNAÎTRE

Les contrastes engendrent la lumière et donnent à une œuvre son caractère et son atmosphère. Ils sont produits par l'opposition des couleurs, de leur luminosité et de leur saturation. Reparlerons-nous encore de l'ordre chromatique ? Pas du tout ! Il s'agit ici de voir la relation qui existe entre les couleurs utilisées dans un ensemble et le résultat que cela produit. Bien connaître les contrastes, c'est posséder un aspect important de la connaissance de la couleur. Néanmoins, il est fort peu probable que Nicolas Poussin (1594-1665) se soit levé un matin en se disant qu'il allait peindre un contraste clair-obscur et que Matisse (1869-1954) ait eu envie un jour de peindre un contraste de la couleur en soi ou un contraste de qualité. Savaient-ils seulement ce que c'était ? Alors pourquoi nous ? Tout simplement dans le but de nous permettre d'analyser la couleur dans les œuvres des grands maîtres et, ce faisant, de nous faire évoluer vers une compréhension plus profonde de ce que nous faisons nous-mêmes.

Pour différencier les contrastes dans leur ensemble, nous devons faire appel à notre perception visuelle et à la logique. Chacun des sept contrastes sera donc illustré et expliqué pour nous faciliter la tâche et nous apprendre à bien les identifier. Mais voyons auparavant comment s'explique la confusion à propos de certains contrastes.

12.1 CONFUSION À PROPOS DES CONTRASTES

Depuis des siècles, les théoriciens et les auteurs ont tenté d'identifier et d'analyser du mieux qu'ils ont pu ce qui se passe lorsque des couleurs s'opposent de différentes façons. Avec le temps, contraste successif, contraste d'analogies, contraste binaire, contraste progressif, contraste de triades, contraste de nuances, contraste de valeurs, harmonie de contraste sont tous devenus des termes désuets, bien qu'ils soient encore utilisés par certains. En ce qui nous concerne, nous n'en retenons que sept, les seuls à être universellement reconnus aujourd'hui : contraste de la couleur en soi, contraste de couleurs complémentaires, contraste clair-obscur, contraste simultané, contraste chaud-froid, contraste de qualité et contraste de quantité. Le tableau 12.1 les présente brièvement, question de s'y retrouver pour comprendre la confusion qui règne concernant certains d'entre eux.

TABLEAU 12.1 *Les sept contrastes.*

Contraste	Définition	Peintres qui l'ont utilisé
Contraste de la couleur en soi	Opposition de couleurs parfaitement identifiables et constantes. La plupart du temps, contraste associé à des harmonies de couleurs pures.	Kittie Bruneau, Sonia Delaunay, Miró, Mondrian, Molinari et Pellan
Contraste de couleurs complémentaires	Opposition d'une couleur à sa complémentaire ou mélange de deux complémentaires par mélange de pigments ou mélange optique.	Emily Carr, Cézanne, Seurat, Vasarely et Le Sauteur
Contraste clair-obscur	Cinq à huit plans successifs et décroissants de foncés à pâles, de l'intérieur vers l'extérieur, ou dans le sens diagonal, horizontal ou vertical de la composition.	Rembrandt, de La Tour et Poussin
Contraste simultané	Interaction du gris neutre et d'une couleur pure.	
Contraste chaud-froid	Opposition d'une couleur chaude à une couleur froide qui ne lui est pas complémentaire.	Kupka, Monet et Utrillo
Contraste de qualité	Couleurs pures et lumineuses opposées à leur propre couleur assombrie ou dénaturée.	Berthe Morisot, Marian Scott, Matisse, Morandi, Vasarely et, de manière exhaustive, Vermeer de Delft
Contraste de quantité	Couleurs non complémentaires utilisées en quantités très différentes.	Kittie Bruneau, Betty Goodwin, Rita Letendre, Dufy, Kandinsky et Klee

EXEMPLES DE CAS DIFFICILES

Bien que l'on soit arrivé à s'entendre sur l'existence de sept contrastes, l'interprétation de certains d'entre eux varie souvent d'un spécialiste à un autre. Voyons quelques exemples.

- L'un dira de *Madeleine à la lampe* de Georges de La Tour (1593-1652) que c'est un contraste clair-obscur, alors qu'un autre dira avec autant d'assurance qu'il s'agit d'un contraste de qualité; les deux auront parfaitement tort ou raison. Ce tableau comporte ces deux contrastes : clair-obscur, par l'échelonnement des valeurs du pâle au foncé qui crée la lumière, et de qualité, si l'on regarde la façon dont les couleurs pures sont opposées à elles-mêmes, altérées ou saturées. Johannes Itten dit de son côté, dans l'*Art de la couleur*, que pour bien identifier un contraste clair-obscur, on doit ignorer le contraste de qualité.
- Certains disent de Seurat qu'il peignait en contraste de couleurs complémentaires. Ne serait-ce pas plutôt qu'il mélangeait ses couleurs pures avec leur complémentaire ? Est-ce là un contraste de complémentaires ? Oui. A-t-il déjà opposé un rouge franc à un vert cru, la première forme de ce contraste ? On ne le sait trop.
- Un peintre trace une mince ligne verte sur un fond rouge; cette ligne opposée au rouge vibre d'un éclat insupportable; s'agit-il d'un contraste de couleurs complémentaires ou d'un contraste de quantité ? Peut-être s'agit-il des deux.
- Quelqu'un regarde un aplat jaune pendant trente secondes et détourne les yeux vers une surface blanche; il voit apparaître sa couleur complémentaire, le violet, et s'exclame en disant : « Quel beau contraste simultané ! » Cette analyse est

fausse, évidemment, puisqu'il n'y a que du jaune sur la feuille qu'il a regardée, ce qui ne peut constituer un contraste. Le violet n'est en fait qu'une couleur résiduelle, un phénomène rétinien (*revoir la page 33*).

- Voilà qu'à l'intérieur d'un contraste de complémentaires de quatre couleurs, par exemple bleu contre orangé et rouge contre vert, on atténue graduellement la luminosité des couleurs crues jusqu'à leur neutralité. Sommes-nous en présence d'un contraste de couleurs complémentaires ou d'un contraste de qualité ? Il s'agit là d'un contraste de qualité. L'association de ces quatre teintes pures et non altérées serait perçue comme un contraste de la couleur en soi et non comme un contraste de couleurs complémentaires.

Comme quoi, il faut être un observateur averti et expérimenté avant de proclamer la nature de tel ou tel contraste observé. Par contre, il n'est pas nécessaire d'être grand druide pour identifier un contraste de la couleur en soi, de quantité ou chaud-froid.

12.2 DÉFINITION DES CONTRASTES

Voyons maintenant la définition des sept contrastes à l'étude.

CONTRASTE DE LA COULEUR EN SOI

Le contraste de la couleur en soi se produit, comme son nom le dit, lorsqu'on oppose des couleurs différentes entre elles (*figure 12.1*). En règle générale, on associe ce contraste à des harmonies de couleurs pures : jaune, rouge, bleu; noir, vert, jaune; et ainsi de suite. Ces couleurs doivent être parfaitement identifiables et constantes, donc traitées en aplats ou en légères modulations, et en principe, dans des rapports quantitatifs plutôt équivalents pour ne pas être identifiées au contraste de quantité.

On observe ce type de contrastes dans des peintures de Kittie Bruneau, Delaunay, Miró, Mondrian, Molinari et Pellan.

FIGURE 12.1 *Contraste de la couleur en soi.*

FIGURE 12.2 *Contrastes de couleurs complémentaires.*

Attention, si l'on oppose dans la même composition l'orangé, le violet et le vert, sans les couleurs primaires qui y correspondent, il s'agit alors d'un contraste de couleur en soi et non pas d'un contraste de couleurs complémentaires.

CONTRASTE DE COULEURS COMPLÉMENTAIRES

Le contraste de couleurs complémentaires est d'abord produit par une couleur primaire pure qui s'oppose à sa complémentaire de même nature : jaune à violet, rouge à vert et bleu à orangé (*figure 12.2*). Ce contraste vaut pour toutes les couleurs qui se font face dans le cercle chromatique, mais il est dans de tels cas plus difficile à identifier. Il s'établit aussi par le mélange de deux complémentaires entre elles, que ce soit par le mélange des pigments ou par le mélange optique.

Ce contraste a souvent été utilisé par Emily Carr, Seurat, Cézanne, Vasarely et, plus près de nous, par le peintre Claude Le Sauteur.

CONTRASTE CLAIR-OBSCUR

Le contraste clair-obscur est facile à identifier par la lumière mystérieuse qui s'en dégage (*figure 12.3*). Il s'agit de regarder *L'homme au casque d'or* de Rembrandt

FIGURE 12.3 *Contraste clair-obscur, contraste de la lumière.*

... de toutes les couleurs !

Rien n'est plus fascinant que de regarder un tableau éclairé par une lumière vive dont on diminue graduellement l'intensité; non seulement nous ne perdons rien des éléments de la composition mais, en plus, ceux-ci semblent briller mystérieusement dans la pénombre; nous admirons un clair-obscur. Cette méthode d'observation permet aussi de juger de la luminosité des couleurs dans tout autre type d'harmonie et d'apprécier la justesse d'une composition, quelle qu'elle soit.

ou *Madeleine à la lampe* de Georges de La Tour, lesquels, comme Nicolas Poussin, ont su exploiter ce contraste de façon magistrale pour en saisir toute la force. Par sa puissance expressive, le clair-obscur correspond à l'atmosphère d'un drame théâtral; il exprime le mystère et parfois l'angoisse.

Pour qu'il y ait clair-obscur, le tableau doit comporter un minimum de cinq à huit plans successifs et décroissants, de foncés à pâles. Dans sa forme classique, les couleurs claires et lumineuses à l'intérieur de la composition s'obscurcissent graduellement vers l'extérieur de celle-ci; ces mêmes règles peuvent aussi s'appliquer dans le sens diagonal, horizontal ou vertical de la composition. On peut l'obtenir dans un simple dessin au fusain ou dans une photographie en noir et blanc dont les plans successifs sont ajustés selon le même principe.

Cas limites

Certains auteurs affirment que le contraste clair-obscur peut être produit à partir de différentes couleurs pures à la condition qu'elles soient échelonnées par plans selon leur luminosité intrinsèque; mais l'utilisation de la couleur pure constitue un contraste de la couleur en soi.

CONTRASTE SIMULTANÉ

Le contraste simultané pourrait être appelé le *contraste de Chevreul* ou le *contraste d'Albers*. Il s'établit, selon Chevreul, par l'interaction d'une couleur sur une autre; par exemple, sur fond jaune, le gris, bien que neutre, tournera simultanément au violet. Le même phénomène se produira sur un fond rouge ou sur un fond bleu; le gris se teintera de vert ou d'orangé (*figure 12.4*). Ainsi, dans le contraste

FIGURE 12.4 *Contrastes simultanés.*

... de toutes les couleurs !

Tracez une mince ligne d'un gris neutre sur une surface rouge. Elle tournera simultanément au vert. Tentez ensuite de la modifier pour lui donner l'aspect d'un gris neutre. Pour y arriver, vous devrez utiliser une couleur qui ne contient pas de rouge; le vert est exclu et forcément le bleu qui le compose. Par déduction, il ne vous restera que le violet pour ramener le gris à son aspect neutre.

---

simultané, c'est le gris présent sur la surface colorée qui se trouve *simultanément* modifié vers la complémentaire de celle-ci. En fait, seul le gris neutre et une autre couleur pure peuvent produire un contraste simultané.

Pourquoi le gris et pas les autres couleurs ?

Évidemment, le contraste simultané, institué par Chevreul et repris par Albers, est un pur phénomène d'interaction. Le problème qui se pose ici est que Chevreul, qui nommait contraste binaire le contraste de couleurs com-plémentaires, ne s'est bien sûr pas embarrassé des autres contrastes qui ont été reconnus plus tard. Et l'on sait qu'il y a interaction lorsqu'on oppose trois couleurs pures, ou deux couleurs complémentaires, ou quatre couleurs rompues, ou encore si on joue avec la luminosité des couleurs et leur quantité. Mais toutes ces harmonies sont reliées à d'autres contrastes. Il ne reste donc que le gris neutre opposé à une couleur pure pour établir un contraste simultané.

Dès que l'on ramène ce contraste à cette seule fonction, on ne peut que très rarement y associer des peintres. On le rencontre surtout en arts graphiques et souvent pour en déduire que l'auteur d'une affiche n'a pas su en équilibrer le gris qu'il voulait sans doute neutre. Ce gris vibre alors sur un fond de couleur pure comme s'il en était la complémentaire, fruit de ce contraste.

Attention, il ne faut pas confondre le contraste simultané avec la couleur résiduelle, phénomène selon lequel notre œil fabrique aussi simultanément une couleur complémentaire lorsqu'une primaire se présente seule (*revoir la page 33*).

CONTRASTE CHAUD-FROID

Le contraste chaud-froid est le fruit d'accords de couleurs qui sont souvent étranges et fascinants (*figure 12.5*). C'est le cas par exemple du jaune-orangé opposé au magenta ou encore du jaune-vert appliqué sur le bleu du prisme. Comme son nom l'indique, ce contraste s'établit par l'opposition d'une couleur chaude à une couleur froide. Bref, toute couleur chaude du cercle chromatique opposée à une couleur froide qui ne lui est pas complémentaire produit un tel contraste. L'intérêt de ce contraste vient du fait qu'il provoque, à l'occasion et selon l'opposition directe de ces couleurs, un mouvement d'avant-arrière attribuable à la perception visuelle qui veut que les tons froids avancent et que les tons chauds reculent. Ce phénomène s'annule automatiquement quand les couleurs sont appliquées en tons continus ou qu'elles sont un tant soit peu mélangées entre elles.

Ce contraste est rarement utilisé avec seulement deux couleurs en peinture; on le retrouve plus souvent en arts graphiques. Les peintres qui y recourent vont à l'occasion ajouter à ce contraste de subtiles nuances en tons sur tons, une teinte apparentée ou du noir; en fait, il est toujours à la limite d'un autre contraste, par exemple le contraste de la couleur en soi. On le retrouve chez Kupka, Monet et Utrillo.

FIGURE 12.5 *Contraste chaud-froid.*

CONTRASTE DE QUALITÉ

La qualité d'une couleur est son aspect comparé à la couleur pure, avant que celle-ci ait été rompue, saturée, altérée ou modifiée par une autre couleur. Le contraste de qualité se produit quand une couleur pure et lumineuse est opposée à sa propre couleur assombrie ou dénaturée. C'est le cas dans la figure 12.6 pour le vert, le

FIGURE 12.6 *Contraste de qualité.*

rouge et le bleu dont on identifie la luminosité par opposition aux tons qui les entourent et les dénaturent. Associé au contraste clair-obscur dont il est souvent inséparable, le contraste de qualité correspond à des harmonies généreuses et raffinées lorsqu'il est bien réussi.

Berthe Morisot, Matisse, Morandi, Victor Vasarely et, de manière exhaustive, Vermeer de Delft ont exploité le contraste de qualité. Chez ce dernier, il se rapproche souvent à s'y méprendre du clair-obscur. Ce qui montre que ces deux contrastes réunis permettent d'atteindre le summum de la luminosité dans une composition.

CONTRASTE DE QUANTITÉ

Peu de jaune, beaucoup de rouge; petite tache verte, petite forme violette; surface rouge de grandeur moyenne, petite ligne bleue (*figure 12.7*). Ce contraste se rapporte aux quantités comparées des couleurs utilisées dans un ensemble. La luminosité des couleurs intervient beaucoup dans ces rapports. Prenons le cas d'une surface noire sur laquelle on appose une masse violette de dimension intermédiaire; ajoutons une plus petite masse rouge-orangé au centre du violet; malgré sa petite taille, cette masse deviendra l'élément le plus lumineux, donc le plus important de l'ensemble.

Dufy, Kandinsky et Klee ont souvent peint des tableaux reliés à ce contraste.

Cas limites

Beaucoup insistent pour greffer au contraste de quantité les rapports de quantités basés sur la luminosité des couleurs primaires et secondaires établis par Goethe. Ou ces couleurs sont complémentaires, ou elles ne le sont pas; à partir du moment où elles le sont et qu'elles sont réunies dans une composition, on ne peut les associer en priorité qu'au contraste de couleurs complémentaires.

FIGURE 12.7 *Contraste de quantité, de peu à beaucoup.*

Cent fois sur le métier...

Même après avoir étudié les sept différents contrastes, il n'est pas toujours facile ni évident d'en arriver à des conclusions précises en ce domaine; cela est une question de temps et d'expérience. Une bonne façon d'y arriver est de faire systématiquement l'analyse de toute œuvre originale ou reproduite que nous regardons, jusqu'à ce que cela devienne une seconde nature. Une condition s'impose toutefois : nous devons faire abstraction du sujet dans le cas d'œuvres figuratives, de nos émotions, de notre propension à juger du beau et du laid et nous en tenir rigoureusement à l'étude du contraste observé. Cela exige une grande concentration. Quoi qu'il en soit, même après des années de pratique, il subsistera toujours des doutes concernant la distinction absolue de certains contrastes. Bien malin celui ou celle qui prouvera le contraire.

L'échelle de Goethe établit les comparaisons de luminosité entre ces six couleurs et les proportions à utiliser pour les saturer vers la neutralité; elle n'a rien à voir avec le contraste de quantité proprement dit à moins que l'on ne crée un nouveau contraste qu'on appellerait le *contraste de quantité des couleurs complémentaires*. Ce contraste conviendrait parfaitement à un superbe tableau que le Québécois Yves Gaucher a peint en 1965, *Danse carrée*. Cette œuvre exceptionnelle consiste en un grand losange d'un rouge capiteux sur lequel le peintre a apposé à peine quelques minces lignes vertes et bleues. Ces lignes, réparties géométriquement, semblent danser sur la surface rouge. À première vue, il s'agit bien d'un contraste de quantité; peu de bleu et de vert, beaucoup de rouge. Or, il se trouve, et cela se produit assez souvent, que le vert et le bleu semblent visuellement en parfaite complémentarité avec le rouge utilisé. Devrait-on associer ce tableau au contraste de quantité ou au contraste de couleurs complémentaires ? Dans ce cas précis, il s'agit bien d'un contraste de quantité puisqu'à l'évidence cet aspect l'emporte largement sur la complémentarité des couleurs. Celui ou celle qui l'associerait au contraste de couleurs complémentaires n'aurait pas tout à fait tort non plus.

LES SUPPORTS

Les supports ont beaucoup évolué au cours des siècles. À la Renaissance, les peintres travaillaient sur bois de tilleul enduit de plusieurs couches de colle qu'ils recouvraient de toile de lin. Vint ensuite la toile que l'on enduisait aussi de colle ou de plâtre. Certains artistes comme Pierre Paul Rubens peignaient à l'huile sur papier. De nos jours, des créateurs, pour des raisons qui parfois nous échappent, préparent encore leurs supports selon les recettes des anciens, ce qui exige des heures de travail. Il existe pourtant sur le marché une très grande variété de toiles, de papiers et de cartons de qualités différentes. La question qui se pose est en fait de savoir lesquels utiliser, pourquoi et comment.

Nous verrons ici les caractéristiques des différents supports, c'est-à-dire des toiles, des papiers et des cartons, question de faire des choix éclairés quand vient le temps de se les procurer. Nous jetterons également un regard sur les types de travaux auxquels ils se prêtent et sur l'une des qualités fondamentales des supports, leur texture.

13.1 LES TOILES

Les fournisseurs de matériel d'artiste offrent toute une série de toiles préparées et montées sur faux-cadre, et ce, dans tous les formats possibles et imaginables. Ils offrent également des toiles non montées en lin, en lin et coton, et en coton. Voyons-en les caractéristiques.

TOILE MONTÉE SUR FAUX-CADRE

Imaginons un petit scénario. L'artiste avance, acquiert de l'expérience, peint de plus en plus et finit par trébucher sur les tableaux qui s'empilent un peu partout dans son atelier toujours trop étroit, souvent dans un sous-sol ou une petite

Le matériel ne fait pas l'artiste

L'artiste débutant devrait toujours se rappeler le principe suivant : il est inutile de dépenser de petites fortunes pour acquérir les matériaux les plus chers. Avant de produire des œuvres valables, il lui faudra d'abord prendre le temps de comprendre les couleurs et d'assimiler les principes qui régissent la composition. Alors, pourquoi ne pas s'en tenir à des toiles encollées sur carton et des tubes de couleurs fabriqués spécialement pour les étudiants ? Évidemment, ces couleurs ne sont pas très riches, mais qu'importe puisqu'il s'agit d'apprentissage. Quel élève a besoin d'un piano de concert pour faire ses gammes ?

chambre. Les chefs-d'œuvre sont alors rangés dans les placards et les autres merveilles sont glissées derrière les fauteuils et le canapé.

Pourquoi s'encombrer de tous ces faux-cadres quand il est si simple de s'en passer ? Il suffit de se procurer de la toile au mètre, de préférence préparée, de la couper aux dimensions qui conviennent et de l'appliquer sur un panneau à surface lisse avec un adhésif temporaire en aérosol. Il faut bien sûr prévoir une marge tout autour de la toile pour permettre le montage sur faux-cadre, le moment venu. Une fois le tableau terminé et sec, il ne reste plus qu'à l'enrouler sur un tube en carton ou à le ranger à plat sur une tablette. Voilà ! D'aucuns diront qu'il est difficile de tendre correctement une toile sur un faux-cadre ou qu'ils ne sont pas très habiles. Dans un tel cas, un encadreur peut le faire à leur place à coût modique.

TOILE DE LIN

La toile de lin est toujours la plus noble d'entre toutes. Elle existe sous deux formes : à grains fins ou à gros grains, selon le mode de tissage utilisé. On peut l'obtenir préparée ou non. Une toile de lin préparée est enduite de deux ou trois couches d'un enduit de plâtre, ce qui convient autant pour la peinture à l'huile que pour l'acrylique (*gesso*).

TOILE DE LIN ET DE COTON

La toile de lin et de coton qui se vend préparée est d'une qualité remarquable. Le mélange de ces deux fibres donne à la surface une texture légère et sensible. La couleur y adhère particulièrement bien. C'est une toile qui a du corps et qui est facile à tendre sur un faux-cadre.

TOILE DE COTON

À l'heure actuelle, la toile de coton est de loin la plus utilisée par les peintres. Il faut cependant la choisir judicieusement. D'abord, quand vous achetez une toile montée, vous n'en connaissez ni la qualité ni la provenance. Il faut donc prendre certaines précautions :

- Prenez le temps de regarder la toile à contre-jour dans une fenêtre pour être certain que le tissage ne comporte pas de mailles brisées.
- Assurez-vous que la surface est uniforme et qu'elle ne présente aucune aspérité indésirable.

Quant à l'enduit qui la recouvre, il n'est pas toujours facile d'en connaître la qualité; il arrive même que la toile soit enduite de peinture au latex. Dans un tel cas, il est très important de ne pas oublier le tableau peint dans un endroit frais et humide trop longtemps; sinon, vous risquez de le retrouver presque entièrement effacé. Cet impair est également connu de ceux qui allongent leurs couleurs à l'acrylique avec de la peinture au latex. Bref, pour l'achat d'une toile de coton, vous devez faire affaire avec une maison de confiance et, idéalement, connaître le nom et la réputation du fabricant de la toile.

13.2 PAPIERS ET CARTONS

Les papiers et les cartons sont omniprésents dans le monde des arts visuels. Mais lequel est le bon ? Ils le sont tous à partir du moment où ils sont utilisés adéquatement. Encore là, faut-il savoir pourquoi et comment. Retenons pour l'instant que les papiers industriels utilisés par les imprimeurs, même s'ils sont très beaux et souvent merveilleusement texturés, n'ont pas été conçus pour les besoins des artistes. Les graphistes en connaissent les possibilités d'impression et de reproduction en couleurs, mais ce n'est pas sur ceux-là qu'ils travaillent au départ; ils utilisent des cartons pour illustrations.

Les créateurs en arts visuels sont choyés. Ils ont pour exercer leur talent des supports de papier ou de carton magnifiques. Évidemment ils coûtent cher. Alors, dans un premier temps, on peut utiliser n'importe quel support. Une fois une certaine expérience acquise, il faudra bien sûr connaître les produits haut de gamme qui font le bonheur des professionnels. Voyons-les.

PAPIERS NOBLES

Vélin pur chiffon *Papier très blanc fabriqué à partir de pâte de chiffon très fine.*

Papier torchon *Papier spécial, fabriqué à partir de certains chiffons, pour le dessin, l'aquarelle, la gouache.*

Vélin cuve *Papier de luxe fabriqué à la main, à la cuve.*

Les papiers nobles sont des papiers sans acide **vélin pur chiffon** Arches faits à la main en France depuis des siècles. Ils sont largement utilisés en lithographie artistique et en estampes. Les **papiers torchons** et cartons Arches conçus spécialement pour l'aquarelle absorbent superbement les couleurs et ont toujours la préférence des aquarellistes professionnels. On les utilise aussi pour la gouache et la tempera. D'autres papiers pur chiffon sont sans acide, ne jaunissent pas et correspondent à des besoins différents. C'est le cas du Arches 88 que l'on imprime par sérigraphie et du **vélin cuve** bfk rives que l'on emploie aussi en sérigraphie et en lithographie. L'auvergne à la main est un papier vélin à inclusions florales; au Québec, les Papiers Saint-Gilles produit aussi des papiers de cette nature.

AUTRES PAPIERS

- Les papiers de riz, de par leur texture, ajoutent aux couleurs transparentes des effets raffinés. Utilisés en estampes, ils apportent une variante à chacune des feuilles imprimées.
- Les papiers Ingres, papiers fins sans acide, sont disponibles en différentes couleurs. On les emploie pour le pastel et le fusain.
- Les papiers manille ou le papier journal, plutôt communs, servent aux esquisses et aux croquis rapides au fusain.

CARTONS

Les cartons de haute qualité pour illustrations sont sans acide. Il en existe une variété susceptible de répondre à tous les besoins des créateurs. Certains se prêtent à la plume et au pinceau, d'autres à l'aérographe. Les surfaces texturées sont compatibles avec les crayons à colorier et les pastels gras. Les couleurs des crayons-feutres donnent de meilleurs résultats lorsqu'elles sont appliquées sur des surfaces peu absorbantes. C'est en consultant la documentation des fabricants et par l'expérimentation que l'on en vient à savoir précisément lesquels choisir.

Notez bien qu'il est déconseillé d'utiliser des panneaux d'aggloméré pour peindre. Même préparés avec les enduits recommandés, leur surface reçoit mal la couleur et, pis encore, les formats moyen et grand ne manqueront pas de se tordre et de se déformer après un certain temps.

13.3 SUPPORTS ET TEXTURES

Les textures de certains supports sont l'un des plaisirs sensuels des peintres; elles possèdent on ne sait trop quoi de voluptueux, de raffiné et de magique. En terme de perception des couleurs, elles n'ont qu'une importance très secondaire. Alors pourquoi s'y arrêter ? C'est que les textures ont comme propriété de modifier

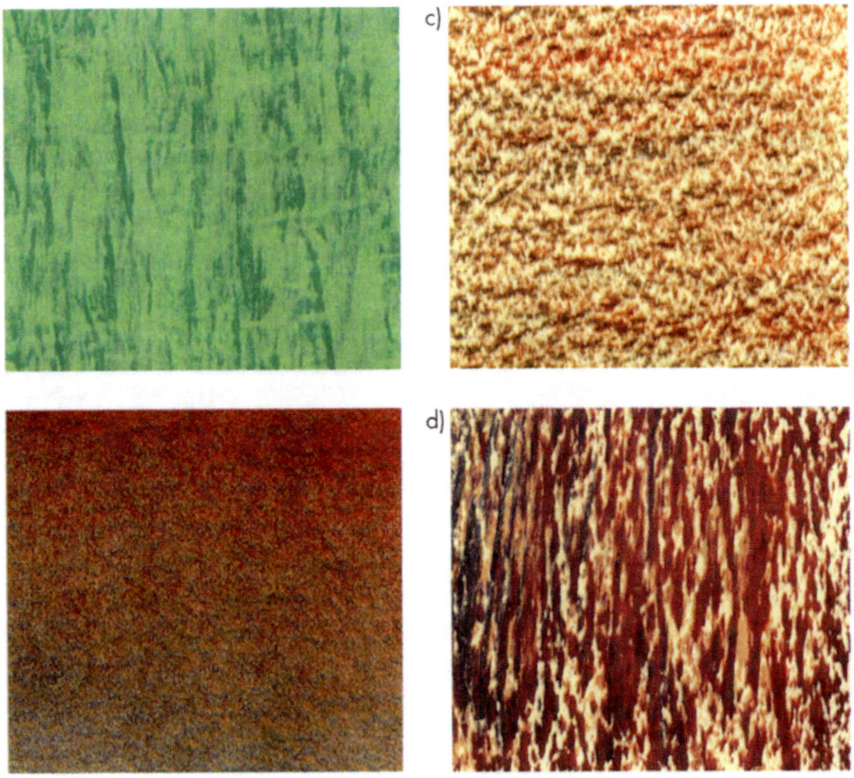

a) b) c) d)

FIGURE 13.1 Échantillons de papiers texturés sur lesquels ont été appliquées des couleurs. En a), encre verte qui s'accumule dans les creux de la texture d'un papier commercial commun. En b), couleurs d'aquarelle appliquées sur toute la surface d'un papier Arches et qui s'infiltrent dans les creux de la texture, ce qui les rend plus foncées en modifiant leur luminosité. En c), crayon à colorier ordinaire qui n'adhère qu'aux aspérités de la texture assez prononcée d'un papier Arches. En d), pastels gras qui, contrairement aux crayons à colorier, pénètrent en profondeur dans la texture du papier Arches.

l'application des couleurs transparentes sur leur surface. Les aspérités retiennent moins de pigments que les creux de la texture. Quand plusieurs teintes sont superposées, il se produit toute une magie de nuances variées qu'il est impossible d'obtenir sur une surface lisse. Et que dire des effets-couleurs ainsi obtenus avec de simples crayons à colorier ou des pastels ! La figure 13.1 présente quelques exemples d'échantillons de papiers texturés couverts de couleurs transparentes ou de crayons à colorier.

Pour terminer, disons un mot sur le papier de riz que l'on utilise en estampes. Sa texture est pour le moins particulière; elle est d'abord inégale — on ne trouve jamais deux feuilles identiques — et certaines de ses fibres refusent à peu près d'absorber la couleur, ce qui donne lieu à une variété surprenante et subtile d'entrelacs colorés. En couleurs opaques, bien que plus effacées, les textures n'en demeurent pas moins un plaisir à regarder et à toucher.

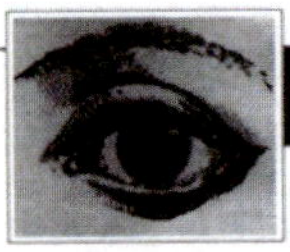

... de toutes les couleurs !

Nous avons tous un jour frotté au crayon une pièce de monnaie placée sous une feuille de papier pour en voir apparaître les aspérités. Quelle magie ! Pourquoi ne pas recommencer en plaçant une feuille à dessin sur une surface texturée comme l'endos d'un tapis, une retaille de panneau mural, le plateau granuleux du micro-ondes ou toute autre surface qui semble intéressante.

Avec des pastels secs ou gras, appliquez vos couleurs en masses assez larges et en pesant assez fort. Superposez les couleurs les unes aux autres ou juxtaposez-les. Modifiez ensuite l'angle de votre feuille et reprenez votre travail jusqu'à l'atteinte du plaisir. Essayez ! Vous risquez de beaucoup aimer.

GLOSSAIRE

Achromate Personne qui ne perçoit aucune couleur.

Acrylique Émulsion obtenue par dispersion dans l'eau de pigments de couleur broyés dans un latex.

Aérographe Pulvérisateur à air comprimé dont on se sert pour projeter de la couleur ou de l'encre.

Aplat Surface unie d'une seule teinte.

Bâtonnets Photorécepteurs particuliers de la rétine, actifs uniquement sous un faible éclairage.

Candela Unité d'intensité lumineuse : 1/683 W/sr.

Charte Tableau montrant un ensemble de couleurs.

Chromo Images en couleurs, de mauvais goût.

Coloriste Spécialiste de la couleur.

Cônes Cellules photosensibles de la rétine, responsables de la perception colorée lorsque l'éclairage est suffisant.

Constance Maintien relatif des caractéristiques propres à une réalité malgré les modifications de la couleur, de l'intensité, de la grandeur, de la forme ou de la position de l'image rétinienne. La constance est le résultat de l'apprentissage et de l'expérience.

Contre-jour Éclairage d'un sujet par-derrière, ce qui le profile en silhouette, éliminant la clarté qui lui est propre.

Couleur Caractère d'une lumière, de la surface d'un objet selon l'impression visuelle particulière qu'elles produisent. Propriété que l'on attribue à la lumière et à la matière de produire une telle impression.

Couleur complémentaire La complémentaire d'une couleur est une autre couleur qui, mélangée avec la première, donne un résultat achromatique (gris). Juxtaposées ou opposées, elles s'exaltent mutuellement.

Couleur crue Couleur non atténuée.

Couleur locale Couleur propre à chaque objet, indépendamment de la couleur générale du tableau, de la distribution des lumières et des ombres.

Couleur primaire Couleur pure, impossible à produire à partir d'autres couleurs.

Couleur résiduelle Couleur fabriquée par l'œil pour compenser et équilibrer sa perception.

Couleur secondaire Mélange de deux couleurs primaires. Le vert est une couleur secondaire, dans la synthèse soustractive.

Couleur tertiaire Mélange d'une couleur primaire et d'une couleur secondaire.

Couleurs analogiques Teintes d'une même famille.

Daltonisme Anomalie qui empêche la distinction de certaines couleurs.

Deutéranope Personne qui ne perçoit pas le vert.

Espace colorimétrique Représentation des couleurs en trois dimensions dont les trois axes correspondent chacun à une couleur primaire de la synthèse additive. La position d'un point détermine la composition d'une couleur donnée.

Faire tache Rompre une harmonie de couleurs.

Filtre Corps transparent utilisé pour intercepter certaines radiations du spectre.

Forme Manière dont les moyens d'expression sont organisés en vue d'un effet esthétique.

Glacis Préparation peu chargée en pigments, qui donne un film translucide.

Gradation Progression par degrés successifs.

Harmonie En couleur, selon Itten, ce mot signifie équilibre, symétrie des forces; que les teintes associées dans une harmonie sont équilibrées de façon à être perçues par l'œil sans provoquer de couleurs résiduelles; qu'elles sont complètes en soi, et non nécessairement belles. Ce qui n'empêche ni l'un ni l'autre.

Harmonieux Se dit de couleurs bien équilibrées ou ne créant aucun effet résiduel.

Homogénéité Éléments constitutifs de même nature ou répartis de façon uniforme.

Interaction Influence qu'ont les couleurs d'un ensemble les unes sur les autres.

Longueur d'onde Distance entre deux crêtes successives d'une onde continue.

Luminance Quotient de l'intensité lumineuse émise par une surface par l'aire apparente de cette surface émissive. La luminance s'exprime en candelas par mètre carré, ou par une valeur de 1 à 100, relative à un blanc de référence.

Luminosité Qualité d'une couleur qui reçoit et réfléchit beaucoup de lumière naturelle. Qualité de ce qui est lumineux. Perception de la luminance.

Métamérisme Phénomène par lequel deux rayonnements ou deux couleurs entraînent, sous un éclairage donné, la même perception colorée, alors qu'ils ont des répartitions spectrales différentes.

Palette Ensemble des couleurs habituellement utilisées par un peintre.

Papier torchon Papier spécial, fabriqué à partir de certains chiffons, pour le dessin, l'aquarelle, la gouache.

Perception Fonction par laquelle l'esprit se représente les objets; acte par lequel s'exerce cette fonction.

Perspective Art de représenter les objets sur une surface plane, de telle sorte que leur représentation coïncide avec la perception visuelle qu'on peut en avoir, compte tenu de leur position dans l'espace par rapport à l'œil de l'observateur.

Photorécepteur Cellule réceptrice visuelle (cône ou bâtonnet) de la rétine.

Pictural Qui a rapport ou appartient à la peinture.

Pigment Substance colorée (d'origine minérale, organique ou métallique), généralement insoluble, qui colore la surface sur laquelle on l'applique, sans pénétrer dans les fibres (au contraire des teintures).

Pixel Le plus petit élément d'image, composé de trois points de couleur (rouge, vert et bleu) qui varient selon l'intensité.

Plastique Se dit de la représentation esthétique des corps, des objets.

Prisme Solide de cristal à base triangulaire qui dévie et décompose les rayons lumineux.

Protanope Personne qui ne perçoit pas le rouge.

Quadrichromie Méthode d'impression à partir des trois couleurs primaires (jaune, magenta, cyan) auxquelles on ajoute le noir.

Rabattue Se dit d'une couleur ou d'une teinte à la fois foncée et lavée.

Rendu Exécution restituant fidèlement l'impression donnée par la réalité.

Rompue Se dit d'une couleur ou d'une teinte mélangée ou atténuée par une autre.

Teinte Couleur complexe, obtenue par mélange.

Texture Arrangement, disposition des éléments d'une matière.

Ton Couleur considérée du point de vue de son intensité lumineuse (valeur) et de son degré de saturation.

Ton chaud Couleur dont la longueur d'onde est plus près du rouge.

Ton continu Substitution graduelle d'une couleur à une autre.

Ton froid Couleur dont la longueur d'onde est plus près du bleu.

Ton neutre Couleur ou teinte neutre, indécise et sans éclat.

Trichromatique Se dit de la perception en trois couleurs. Ensemble de trois couleurs.

Tritanope Personne qui ne perçoit pas le bleu.

Trompe-l'œil Artifice de la perspective. Peinture, décor qui donne l'illusion du relief de la réalité.

Valeur Qualité d'un ton plus ou moins foncé, plus ou moins saturé.

Vélin cuve Papier de luxe fabriqué à la main, à la cuve.

Vélin pur chiffon Papier très blanc fabriqué à partir de pâte de chiffon très fine.

BIBLIOGRAPHIE COMMENTÉE

- **Interaction of Color**, par Joseph ALBERS. New Haven, Yale University Press, 1963.

  Toute la théorie du maître de l'interaction des couleurs, merveilleusement illustrée. Un *must* absolu si on lit l'anglais.

- **Michel Eugène Chevreul, un savant des couleurs !**, par Bernard BODO, Georges ROQUE et Françoise VIÉNOT. Paris et Puteaux, Éditions du Muséum national d'histoire naturelle et EREC, 1997.

  Une synthèse originale sur l'œuvre de Chevreul; ouvrage intéressant en ce qui concerne ses recherches sur la couleur, mais qui n'attire guère ceux et celles qui n'ont pas d'intérêt pour la chimie organique et la méthode analytique des corps gras.

- **L'art et le monde moderne**. COLLECTIF réalisé sous la direction de René Huyghe et Jean Rudel. Paris, Larousse, 1970.

  Cet énorme ouvrage en deux volumes est celui qu'il faudrait recommander à toute personne qui n'aurait accès à aucun livre d'art par la suite. Une source inépuisable de renseignements précieux : peinture, sculpture, architecture, photographie, cinéma, grands artistes, grands mouvements artistiques de tous les pays. Des illustrations en couleurs d'une qualité remarquable.

- **Package DESIGN in Japan**. COLLECTIF. Francfort, Taschen, 1989.

  Ce collectif produit par différents designers japonais est écrit en français, en anglais et en allemand. On y montre tout le raffinement oriental dans l'utilisation pratique de la couleur à l'aide de superbes illustrations. À lire et à voir par ceux et celles qui veulent élargir leurs horizons et leurs connaissances.

- **Traité des couleurs**, par Johann Wolfgang von GOETHE. Association Rudolf Steiner de Québec, Lac-Beauport, Éditions Triades, 1993.

  L'ouvrage comprend toutes les théories développées par le savant au début du XIXe siècle. On dit de ce livre qu'il est d'un grand intérêt scientifique. Goethe y réfute la thèse de Newton sur la lumière blanche. Il se refuse à résumer la couleur à une transformation de la lumière. Certains considèrent toujours cet ouvrage comme un traité d'esthétique moderne de la couleur.

- **Le cube des couleurs**, par Alfred HICKETHIER. Paris, Dessain et Tolra, 1973.

  Un fascicule-objet de 40 pages qui a pour objet de démontrer la théorie de l'auteur sur l'ordonnance des couleurs. Il contient une série d'échantillons de couleurs que l'on peut coller à leurs places respectives en suivant les indications. À recommander à ceux et celles qui ont déjà acquis les notions de base : couleur-luminosité-saturation.

- **L'art de la couleur**, par Johannes ITTEN. Édition abrégée, Paris, Dessain et Tolra, 1986.

  Un classique dans le genre mais qui a un peu vieilli depuis sa première parution, en 1961. Itten aborde la couleur à partir des principes établis, mais son côté subjectif finit par nous perdre. Son approche didactique concernant la relation psychologique entre l'apparence physique de ses étudiants et étudiantes et leurs choix de couleurs est totalement subjective et ne s'appuie sur aucune recherche sérieuse en psychologie.

- **Color and the Structural Sense**, par William Charles LIBBY. Englewood Cliffs, New Jersey, Prentice Hall, 1974.

  Ouvrage sérieux et savant sur les propriétés de la couleur. À recommander à ceux et celles qui possèdent déjà beaucoup de connaissances sur le sujet et qui peuvent s'astreindre à lire un ouvrage qui ne comporte que huit planches en couleurs.

- **Le Groupe des Sept**, par Peter MELLEN. Adaptation française par Jacques de Roussan. La Prairie, Éditions Marcel Broquet, 1980.

  On doit consulter ce livre magnifique quand on s'intéresse à la couleur. Le genre d'ouvrage qu'un coloriste d'instinct, qui ne saurait pas lire, dévorerait des yeux; il en tirerait plein de connaissances sur les harmonies rien qu'en regardant ses superbes reproductions en couleurs.

- **Dictionnaire des peintres célèbres du XIXe siècle**, par Jean RIVERAIN. Paris, Larousse, 1968.

  Il s'agit d'un tirage limité et hors-commerce très rare, et cela est bien dommage. Jamais livre publié sur les peintres n'a contenu autant d'informations sur leur œuvre et la manière dont ils l'ont abordée. Quand il y a lieu, on y décrit l'approche de la couleur par ces artistes de façon claire et intéressante. Peut-être aurez-vous la chance de mettre la main sur ce livre un jour. Si oui, ne le prêtez à personne.

- **VASARELY II**, par Victor VASARELY. Neuchatel, Éditions du Griffon, 1971.

  On peut lire tout ce que l'on voudra sur les lois et les principes de la couleur, une chose est certaine : bien que l'expérimentation personnelle soit essentielle, c'est aussi en regardant et en observant ce qui a déjà été réalisé par les grands coloristes que l'on parvient à comprendre et à assimiler en grande partie les théories apprises. Cet ouvrage en est un exemple parfait.

SOURCES

En plus des ouvrages ci-dessus, l'auteur a consulté :

- **« Les multiples sens de la couleur », Science et Vie**, n° 186, mars 1994.
- **La peinture au Canada**. J. Russel HARPER. Québec, Les Presses de l'Université Laval, 1967.
- **The Science and Technology of Appearance Measurement**. Hunter Lab, 1995.
- **The Colorcube Documentation**. Spittin' Image Software, 1998.
- **Color in Its Surround**. Conférence tenue au Savannah College of Art and Design à Savannah, en Géorgie (É.-U.). Documentation produite par The Inter-Society Color Council, février 2000.

INDEX